W0282042

TRAINING FRANZÖSISCH

Heller-Doyère • Wußler

Wortschatzübung

Mittelstufe

STARK

Bildnachweis
S. 1, 75: Karl Johaentges; S. 2, 11 u., 52: Kurt Scherer; S. 25: jump, Hamburg; S. 37: Bernard Gaudeaux; S. 49: aus: *Sugar*, November 1999 © Affonso Gavinha; S. 78: Duisburger Tafel e. V.; S. 99: Neil Holden

Illustrator
Aleš Vrtal

ISBN: 3-89449-494-8

© 2001 by Stark Verlagsgesellschaft mbH · D-85318 Freising · Postfach 1852 · Tel. (08161) 1790
Nachdruck verboten!

Inhalt

Fortsetzung siehe nächste Seite

Les jeunes et la culture 49

La famille et les amis 61

Fortsetzung siehe nächste Seite

Problèmes sociaux 75

Sciences et techniques 87

Solutions 99

Vorwort

Liebe Schülerinnen und Schüler,

Vokabellernen muss nicht langweilig sein. Mit diesem Buch haben wir versucht, möglichst viele **abwechslungsreiche Übungen** zusammenzustellen, um euch das Vokabellernen leichter zu machen. Die Übungen orientieren sich an dem Wortschatz, den ihr am Ende der 10. Klasse beherrschen solltet. Um ein langweiliges Einpauken der Vokabeln von A bis Z zu vermeiden und euch die Möglichkeit zu geben, den Wortschatz einzuüben, den ihr für ein bestimmtes Thema braucht, haben wir den **Wortschatz nach Themen geordnet**. Somit könnt ihr euch auch gezielt auf Klassenarbeiten vorbereiten.

Bevor ihr beginnt, noch ein paar **Tipps**, wie ihr am besten vorgeht:

- Lest zunächst das **Glossar** durch, damit ihr die Arbeitsanweisungen der folgenden Übungen verstehen könnt.
- Die Reihenfolge der Bearbeitung der Themen ist beliebig. Vielleicht beginnt ihr am besten mit dem Thema, das ihr gerade in der Schule behandelt.
- Wenn ihr euch für ein Thema entschieden habt, lest zuerst die neuen Vokabeln durch und versucht, euch so viele wie möglich einzuprägen, bevor ihr die erste Übung in Angriff nehmt.
- Die Reihenfolge der einzelnen Übungen ist ebenfalls beliebig. Wenn euch eine Lösung nicht einfallen will, versucht, sie im *champ sémantique* zu finden. Bei dieser Suche werden sich als willkommener Nebeneffekt noch andere Vokabeln einprägen.
- Benutzt den **Lösungsteil** nur, um eure Arbeit zu überprüfen. Abschreiben ist auch langweilig.

Wir wünschen euch viel Spaß und Erfolg bei eurer Arbeit mit diesem Buch!

Christiane Heller-Doyère

Werner Wußler

Glossar

Vokabelliste für die Übungen

à l'aide de	mithilfe von
l'antonyme (m.)	Wort mit gegenteiliger Bedeutung
appartenir à	gehören zu
compléter	vervollständigen
concerner	betreffen
la consonne	Konsonant
le contraire	Gegenteil
convenir	passen
correspondre	entsprechen
employer	benutzen
entre parenthèses	in Klammern
l'expression (f.)	Ausdruck
la lacune	Lücke
manquer	fehlen
la phrase	Satz
remettre dans l'ordre	in die richtige Reihenfolge bringen
remplacer	ersetzen
remplir	ausfüllen
souligné, -e	unterstrichen
suivant, -e	folgend, -e
le synonyme	Wort mit gleicher Bedeutung
la voyelle	Vokal

Verzeichnis der Abkürzungen

adj.	Adjektiv
f.	weiblich *(feminin, -e)*
m.	männlich *(masculin, -e)*
pop.	umgangssprachlich *(populaire)*
pl.	Plural *(le pluriel)*
sing.	Singular *(le singulier)*
qc	etwas *(quelque chose)*
qn	jemand *(quelqu'un)*

Paris – Capitale de la France

Vue du Grand Palais sur l'Ile de la Cité

1 Champ sémantique

1.1 Vocabulaire

admirable	wunderbar, bewundernswert
l'admiration (f.)	Bewunderung
admirer	bewundern
ancien, -ne	ehemalig, alt
apercevoir	bemerken, wahrnehmen
l'arrondissement (m.)	Bezirk
attirer	anziehen, anlocken
l'attraction (f.)	Sehenswürdigkeit, Schauspiel
l'avenue (f.)	Avenue, Prachtstraße
la banlieue	die Vororte
le bateau-mouche	Touristenschiff
le boulevard	Boulevard, breite Straße
le bouquiniste	Antiquariatsbuchhändler
bruyant, -e	laut, lärmend
calme	ruhig
la capitale	Hauptstadt
caractéristique de	charakteristisch, typisch für
la cathédrale	Kathedrale, Dom
célèbre	berühmt
central, -e	zentral
le centre	Zentrum
le charme	Charme, Reiz
la circulation	Verkehr
circuler	fahren, verkehren
commercial, -e	Handels-
conduire	führen, fahren (Auto)
construire	bauen
coûter cher	teuer sein
la curiosité	Sehenswürdigkeit, Neugierde
la distraction	Zerstreuung, Ablenkung
économique	wirtschaftlich
l'embouteillage (m.)	Stau
en face de	gegenüber
entourer	umgeben

l'escalier (m.)	Treppe
l'est (m.)	Osten
étroit, -e	eng
l'étudiant, -e	Student, -in
flâner	schlendern, bummeln, spazieren
le guide	Führer
l'habitant, -e	Einwohner, -in
habiter	wohnen
les heures (f. pl.) de pointe	Stoßzeiten, Hauptverkehrszeit
historique	historisch
illuminer	beleuchten, anstrahlen
l'immeuble (m.)	grosses Wohnhaus, Wohnblock
large	breit
le loyer	Miete
le magasin	Kaufhaus
merveilleux, -euse	wunderbar
le métro	Metro, U-Bahn
le milieu	Mitte, Milieu
le monument	Baudenkmal
le moyen de transport	Verkehrsmittel
le musée	Museum
le nord	Norden
offrir	(an)bieten
l'ouest (m.)	Westen
le/la Parisien, -ne	Pariser, -in
parisien, -ne	pariser, von Paris
parmi	unter, inmitten
le/la piéton, -ne	Fußgänger, -in
plein, -e	voll
profiter de qc	etwas genießen, ausnützen
la promenade	Spaziergang
le/la promeneur, -euse	Spaziergänger, -in
provincial, -e	aus der Provinz, provinziell
le quai	Ufermauer, Kai
le quartier	Viertel
rapide	schnell
relier à	verbinden mit
la rive droite	rechtes (Seine)ufer
la rive gauche	linkes (Seine)ufer

s'allumer	aufleuchten, angehen
s'apercevoir de qc	etwas bemerken
se rendre à	sich irgendwohin begeben
souterrain, -e	unterirdisch
le souvenir	Andenken, Erinnerung
splendide	herrlich
la station de métro	U-Bahn-Station
le sud	Süden
suivre	folgen
la tour	Hochhaus, Turm
le transport public	öffentliche Verkehrsmittel
traverser	durchqueren, überqueren
typique de	typisch für
urbain, -e	städtisch
vide	leer
visiter	besichtigen
visiteur, -euse	Besucher, -in
la vue	Aussicht, Blick

Les monuments et curiosités de Paris

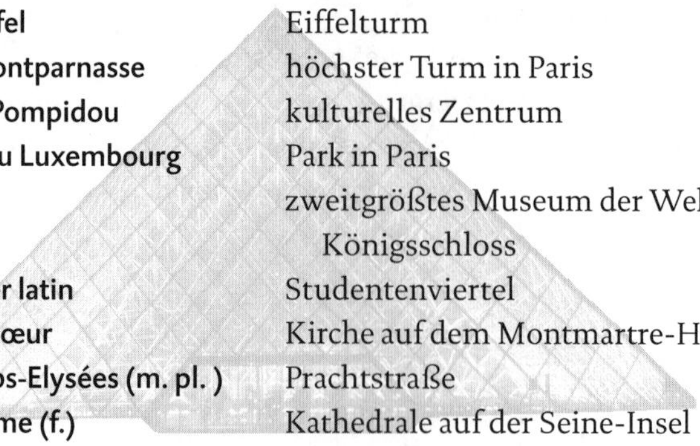

l'Arc de Triomphe (m.)	Triumphbogen
l'île de la Cité (f.)	Seine-Insel; ältester Stadtteil von Paris
l'Opéra (m.)	Oper
la Butte Montmartre	Hügel von Montmartre
la place de l'Etoile	„Sternenplatz" mit dem Triumphbogen
la place de la Bastille	Platz des ehemaligen Staatsgefängnisses
la place du Tertre	Malerviertel auf Montmarte
la Sorbonne	Universität von Paris
la tour Eiffel	Eiffelturm
la tour Montparnasse	höchster Turm in Paris
le centre Pompidou	kulturelles Zentrum
le jardin du Luxembourg	Park in Paris
le Louvre	zweitgrößtes Museum der Welt; ehemaliges Königsschloss
le Quartier latin	Studentenviertel
le Sacré-Cœur	Kirche auf dem Montmartre-Hügel
les Champs-Elysées (m. pl.)	Prachtstraße
Notre-Dame (f.)	Kathedrale auf der Seine-Insel

1.2 Idiomes et locutions

avoir le temps de faire qc	Les gens qui travaillent loin de chez eux n'ont pas le temps de rentrer déjeuner à la maison.	Zeit haben etwas zu tun
avoir les moyens de faire qc	Souvent, les Parisiens n'ont pas les moyens de payer le loyer d'un logement dans le centre.	die Mittel haben etwas zu tun, sich etwas leisten können
perdre du temps à faire qc	Les habitants des grandes villes perdent du temps dans les embouteillages.	Zeit mit etwas verlieren
prendre le temps de faire qc	Si vous allez à Paris, prenez le temps de visiter le Quartier latin.	sich die Zeit nehmen etwas zu tun
au bord de	Au printemps, il est bien agréable de se promener au bord de la Seine.	am Rand / Ufer von
au pied de	Le quartier de Montmartre se trouve au pied du Sacré-Cœur.	am Fuß von
être plein, -e à craquer	Aux heures de pointe, le métro parisien est plein à craquer.	zum Bersten voll sein
avoir du mal à faire qc	Quand on a vécu longtemps à Paris, on a beaucoup de mal à quitter cette ville.	sich mit etwas schwer tun
au nord de	Lille est une grande ville française située au nord de Paris.	nördlich von
dans le nord de	Montmartre se trouve dans le nord de Paris.	im Norden von

2 Exercices

2.1 Connaissez-vous bien Paris?

Quel mot/nom/expression correspond à ces définitions?

Une grande place d'où partent douze avenues: la Place de l'Etoile ________.

Le plus vieux quartier de Paris: l'île de Cité ________.

Le quartier des étudiants: le Quartier Latin ________.

Construite en 1889, elle mesure plus de 300 m de haut: Tour Eiffel ________.

Un monument situé au milieu de la place de l'Etoile: l'Arc de Triumph.

La plus grande avenue de Paris: les Champs-Elysée ________.

Une cathédrale construite au Moyen Age: la Notre-Dame ________.

Un centre culturel moderne qui porte le nom d'un président de la République: le centre pompidou ________.

Une belle église blanche sur la Butte Montmartre: le Sacre-Coeur ________.

Un moyen de transport public souterrain: le metro ________.

Le palais où habitaient les rois de France, un grand musée aujourd'hui: le louvre ________.

Le fleuve qui traverse Paris: la Seine ________.

2.2 Synonymes

Remplacez les mots entre parenthèses par un mot ou une expression synonyme.

Du haut de la tour Eiffel, on a une vue (merveilleuse) admirable ________ sur Paris.

(Quand la circulation est au maximum) Aux heures de pointe ________ il n'y a plus de place dans le métro.

Les (habitants de Paris) Parisiens ________ passent leurs vacances à la campagne.

Les (gens qui vont à pied) piétons doivent marcher sur les trottoirs.

Les (marchands de vieux livres) bouquinistes ont leurs stands au bord de la Seine.

Les (larges rues qui encerclent Paris) boulevards portent le nom des maréchaux (Feldmarschall) de Napoléon.

Il est souvent difficile de (rouler en voiture) conduire dans Paris.

Les loyers des appartements du centre-ville (sont très élevés) coûtent cher.

Paris est la (première ville) capitale de la France.

Du haut de la tour Eiffel, (le panorama) la vue qui s'offre aux touristes est extraordinaire.

La rue Lepic est une rue (caractéristique) typique du quartier de Montmartre.

Dans les (grandes maisons de plusieurs étages) immeubles de banlieue, les gens vivent souvent dans l'anonymat.

2.3 Antonymes

Remplacez les mots entre parenthèse par un mot ou une expression antonyme.

C'est un (nouveau) vieux bâtiment.

Le centre-ville est un quartier très (calme) bruyant.

La pyramide de verre est très (loin) près du Louvre.

Les Parisiens (peuvent facilement) ont du mal à trouver un logement dans Paris.

Le matin, entre 6 et 8 heures, le métro est (plein à craquer) vide.

Les rues de Montmartre sont (étroites), les avenues sont larges.

Pour bien visiter Paris, il ne faut pas (se dépêcher), il vaut mieux prendre son temps.

Ce monument est (inconnu) célèbre.

Les touristes (montent sur le) descendent du bateau.

A Paris, le bus est un moyen de transport un peu (lent), le métro est plus rapide.

2.4 Le mot caché

Pour trouver le nom du bâtiment où habite le président de la République française, trouvez le mot correspondant aux définitions suivantes.

Il y en a 20 dans Paris, Montmartre se trouve dans le 18ème.
Il faut le descendre pour prendre le métro et le monter pour visiter la tour Eiffel.
Le prix que le locataire paie au propriétaire d'un logement.
Il visite la ville, photographie les monuments, achète des souvenirs.
Il fait des études, à la Sorbonne par exemple.
Il vous accompagne et vous renseigne pendant la visite du musée.

a	r	r	o	n	d	i	s	s	e	m	e	n	t			
					e	s	c	a	l	i	e	r				
							l	o	y	e	r					
				t	o	u	r	i	s	t	e					
									É	t	u	d	i	a	n	t
					g	u	i	d	e							

2.5 Phrases lacunaires

Complétez les phrases à l'aide de la liste de mots suivante: au nord de / dans le nord de / au milieu de / entre / au sud de / dans le sud de / en face de / parmi / à l'est de / dans l'est de / au-dessus de / à côté de / à l'ouest de / dans l'ouest de / au-dessous de / autour de / sur / sous.

Strasbourg est une grande ville située ______________________ la France.

______________ tous les usagers du métro, beaucoup voyagent sans ticket.

L'Obélisque se trouve ______________________ la place de la Concorde.

Le métro circule ______________________ la ville de Paris.

Le boulevard périphérique est une autoroute qui passe ______________________ Paris.

La Bretagne est une région située ______________________ Paris.

A Montmartre, on découvre la place du Tertre ______________ du Sacré-Cœur.

Regardez devant vous, il suffit de traverser la rue, le musée est ______________ ______________ vous.

La Provence est une province ________________ de Paris, ________________ ________ de la France.

La Seine coule ________________ les ponts de Paris.

L'île de la Cité est située ________________ deux bras de la Seine.

2.6 Le mot en trop

Il y a dans chaque liste un mot qui ne concerne pas les autres. Lequel et pourquoi?

Tour Eiffel – Arc de Triomphe – Louvre – Quartier latin – tour Montparnasse – Opéra.

Le bus – le piéton – le métro – le RER – le train – le bateau-mouche – le taxi.

Etudiant – Sorbonne – Quartier latin – bouquiniste – université.

Se promener – flâner – marcher – se rendre – s'allumer – circuler.

Arrondissement – quartier – monument – banlieue – centre-ville.

Un musée – un cinéma – une exposition – un grand magasin – un concert – une soirée à l'Opéra.

Un boulevard – une avenue – une rue – une autoroute.

Un clochard – un pilote – un bouquiniste – un peintre – un guide au musée du Louvre.

Eglise de la Madeleine – Sacré-Cœur – Notre-Dame – Sorbonne.

Paris – Londres – Munich – Rome – Madrid.

2.7 Lettres en désordre

Remettez les lettres entre parenthèses dans l'ordre.

Le bus et le métro sont des moyens de (PRANTROST LUCPIB) Transport public.

Les marchands qui vendent des livres le long des quais de la Seine sont les (QUEBUSITIONS) bouquinistes.

Les grands (LIBEUMMES) immeubles sont des bâtiments typiques de la banlieue parisienne.

La (CRITIOUSE) curiosité la plus célèbre de Paris est la tour Eiffel.

En prenant le métro, vous évitez les (BOUGELLEMATIES) embouteillages dans les rues de Paris.

Depuis des siècles Paris est la (PACALITE) capitale de la France.

Les touristes suivent leur (DUGEI) guide d'un monument à l'autre.

La (TROU SONNEMAPSART) tour Montparnasse est moins haute que la tour Eiffel.

Un (NOTIPE) piéton est quelqu'un qui marche à pied.

Le métro est un train (SAINRETOUR) souterrain.

Une période de cent ans s'appelle un (SELECI) siècle.

Située dans le (RATIRQUE) quartier latin, la Sorbonne est une grande université française.

Les touristes achètent des (VINROUSES) souvenirs dans les magasins.

2.8 Scrabble

A l'aide de ces lettres, essayez de former au moins 10 adjectifs qui pourraient décrire des quartiers, des monuments ou des curiosités de Paris. Vous pouvez reprendre toutes les lettres après chaque mot.

C E E E L L B R U U Y A N N T H I I S O Q M V X P D D

célèbre	pleine
bruyant	large
merveilleuse	ancien
calm	vieux
admirable	

2.9 Pour rire un peu

Lisez cette petite blague. De quels monuments parlent-ils?

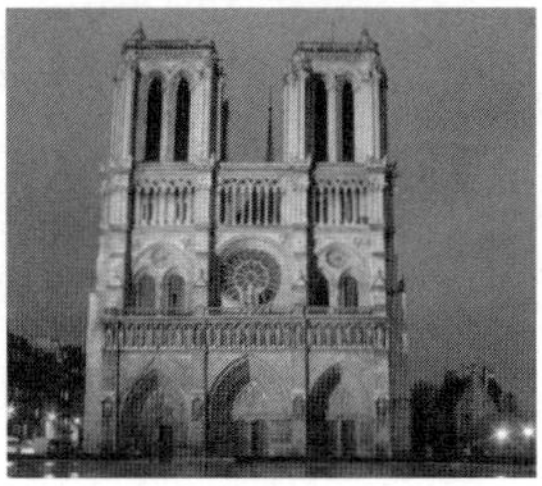

Un Américain demande à un chauffeur de taxi de lui montrer les monuments et curiosités de Paris.

– Quel beau bâtiment! Qu'est-ce que c'est?

– C'est Notre Dame. Il a fallu plus d'un siècle pour construire cette cathédrale.

– Chez nous, en Amérique, on peut construire ça en quelques mois.

Quelques minutes plus tard, ils passent devant l'opera.

– Au Texas, on peut construire ce genre de bâtiment en quelques jours.

Un peu plus loin, ils traversent la Seine et arrivent devant la Tour Eiffel.

– Ne me demandez pas ce que c'est, dit aussitôt le chauffeur de taxi, quand je suis passé ce matin, ce n'était pas encore là.

L'école et la vie professionnelle

1 Champ sémantique

1.1 Vocabulaire

accompagner	begleiten
l'accueil (m.)	Empfang
accueillir	empfangen
l'annonce (f.)	Anzeige, Annonce
l'apprenti, -e (m./f.)	Lehrling, Auszubildende, -r
l'apprentissage (m.)	Lehre
le baccalauréat, bac	Abitur, Abi
bête	dumm
le bulletin	Zeugnis
le C.V. (curriculum vitae)	Lebenslauf
le cahier	Heft
le/la camarade	Kamerad, -in
le/la candidat, -e	Bewerber, -in
la candidature	Bewerbung
le cartable	Schultasche
le choix	Wahl
le collège	Realschule
le/la collégien, -ne	Realschüler, -in
la composition	Klassenarbeit
le contrôle	Klassenarbeit, Test
copier	abschreiben
le/la correspondant, -e	Brieffreund, -in, Austauschpartner, -in
corriger	verbessern
la cour	Hof
courageux, -euse	fleißig, mutig
le cours	Unterrichts(stunde)
la demande d'emploi	Bewerbung
devenir	werden
le dictionnaire	Wörterbuch
le/la directeur, -trice	Schuldirektor, -in
la discipline	Disziplin, Schulfach
discipliné, -e	gehorsam
dur, -e	hart, schwierig
l'échange (m.) scolaire	Schüleraustausch

l'école primaire (f.)	Grundschule
l'éducation (f.)	Erziehung
éduquer	erziehen
l'élève (m. /f.)	Schüler, -in
l'emploi (m.) du temps	Stundenplan
l'emploi (m.)	Arbeit, Arbeitsplatz, Stelle
l'enseignant, -e (m. /f.)	Lehrer, -in
l'enseignement (m.)	Unterricht
enseigner	unterrichten
l'étudiant, -e (m. /f.)	Student, -in
étudier	studieren
excellent, -e	sehr gut, ausgezeichnet
l'exercice (m.)	Übung
l'explication (f.)	Erklärung
expliquer	erklären
la famille d'accueil	Gastfamilie
gentil, -le	nett
la grammaire	Grammatik
indulgent, -e	nachsichtig
l'instituteur, -trice (m. /f.)	Grundschullehrer, -in
l'interrogation (f.)	Test
interroger	fragen, abfragen
l'invitation (f.)	Einladung
inviter	einladen
le jumelage	(Städte-)Partnerschaft
le L.E.P. (lycée d'enseignement professionnel)	Berufsschule
la langue étrangère	Fremdsprache
la leçon	Lektion
le lycée	Gymnasium
le/la lycéen, -ne	Gymnasiast, -in
la matière	Fach
méchant, -e	böse
meilleur, -e (adj.)	besser
le métier	Beruf
la moyenne	Durchschnitt
noter	bewerten, aufschreiben
obéir à ...	gehorchen, folgen
obéissant, -e	gehorsam

paresseux, -euse	faul
le problème	Problem, Rechenaufgabe
le/la professeur	Lehrer, -in (am Gymnasium)
la profession	Beruf
professionnel, -le (adj.)	Berufs~
punir	bestrafen
la punition	Strafe
recevoir	empfangen, bekommen
la récréation	Pause
redoubler (une classe)	wiederholen, sitzen bleiben
la rencontre	Treffen
la rentrée	Schulanfang (nach den großen Ferien)
réviser	wiederholen, überprüfen
la révision	Wiederholung
le salaire	Gehalt, Lohn
la salle de classe	Klassenzimmer
scolaire (adj.)	Schul~
se présenter	sich vorstellen, sich bewerben
se rendre	gehen, sich begeben
sévère	streng
la sortie des classes	Schulschluss
souhaiter	wünschen
le stage	Praktikum
stressé, -e	gestresst
suffisant, -e	ausreichend
le sujet	Thema
surveiller	beaufsichtigen
la traduction	Übersetzung
traduire	übersetzen
travailleur, -euse	fleißig
l'université (f.)	Universität
visiter	besichtigen
le vocabulaire	Wortschatz
le voyage	Reise

1.2 Idiomes et locutions

passer un examen	Avant de pouvoir conduire une voiture, il faut passer le permis de conduire.	eine Prüfung ablegen
réussir un examen	En France, il faut une moyenne de 10 points sur 20 pour réussir la plupart des examens.	eine Prüfung bestehen
être reçu, -e à un examen	Il faut être reçu au baccalauréat pour pouvoir étudier à l'université.	eine Prüfung bestehen
rater un examen	Si vous ratez un examen, vous pouvez redoubler votre année scolaire et repasser l'examen l'année suivante.	bei einer Prüfung durchfallen
passer dans la classe supérieure	A la fin de l'année scolaire, les élèves qui ont bien travaillé passent dans la classe supérieure. Les élèves de seconde passent **en** première.	versetzt werden
faire des études de ...	Quand on veut faire des études de langue, il est conseillé de faire un séjour à l'étranger.	studieren
faire un métier, exercer un métier	Aujourd'hui, beaucoup de femmes exercent des métiers autrefois réservés aux hommes.	einen Beruf ausüben

une école libre/une école privée	Les parents qui ne désirent pas mettre leurs enfants dans une école d'Etat peuvent les mettre dans une école libre.	Privatschule
faire la connaissance de qn	Les échanges scolaires permettent aux élèves de faire la connaissance de leurs correspondants étrangers.	jmdn. kennen lernen
faire connaissance avec qc/qn	Après leurs études, les jeunes font connaissance avec la vie professionnelle.	etwas/jmdn. kennen lernen
prendre part à qc	L'O.F.A.J. (Office franco-allemand pour la jeunesse) offre aux jeunes Français et Allemands la possibilité de prendre part à des rencontres internationales.	an etwas teilnehmen
rendre visite à qn	Ils ont rendu visite à leur ami malade.	jmdn. besuchen
être en vacances	La plupart des écoliers français sont en vacances d'été du premier juillet au 15 septembre.	Ferien haben
être bon, -ne (mauvais, -e) en ...	Les lycéens français qui sont bons en langue passent un bac littéraire (Bac A ou B par exemple) et ceux qui sont bons en mathématiques passent le bac C (bac scientifique).	gut (schlecht) sein in ...
faire l'école buissonnière	Il est défendu de faire l'école buissonnière, même quand on n'a pas du tout envie d'aller en classe.	schwänzen

2 Exercices

2.1 Le mot caché

Quelle est la «matière» préférée des élèves?

Il n'habite pas le même pays que vous, vous apprenez sa langue, vous lui écrivez souvent.
Un élève qui va au lycée.
Les renseignements qu'on donne sur sa vie, ses études, ses diplômes, quand on se présente pour demander un emploi.
L'examen qu'il faut réussir pour pouvoir étudier à l'université.
Le premier jour de classe après les grandes vacances.
Deux villes étrangères se rencontrent, organisent des activités en commun.
Pendant quelques jours ou quelques semaines on travaille dans une entreprise pour apprendre à connaître le métier qu'on voudrait exercer.
Il enseigne dans une école primaire.
Il enseigne dans un lycée.
Il apprend pendant 2 ou 3 ans à faire le métier qu'il a choisi.

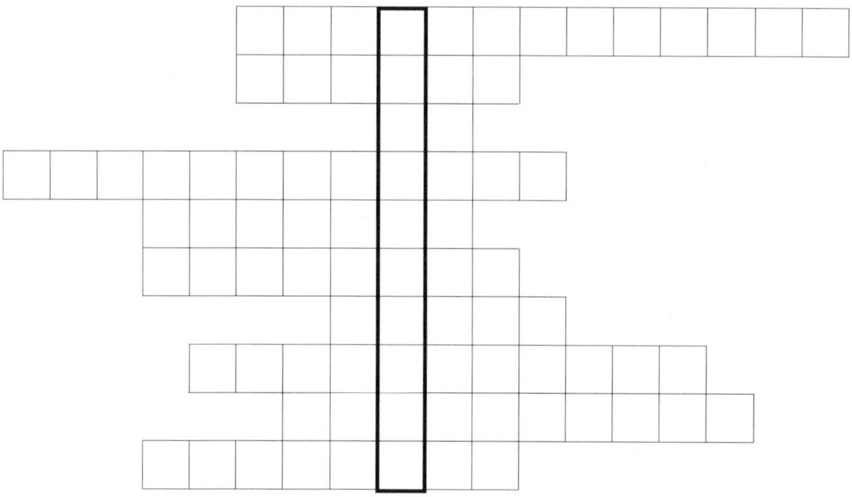

2.2 Comment est-ce qu'ils se sentent aujourd'hui?

Trouvez les lettres qui manquent pour décrire les images ci-dessous.

p __ __ es __ e __ __

s __ __ es __ __

ob __ i __ __ a __ __

in __ __ __ g __ __ __

sé __ __ __ __ __

c __ __ r __ g __ __ x

2.3 Synonymes

Remplacez les mots entre parenthèses par un mot ou une expression synonyme.

Il (a été reçu) ____________________ au baccalauréat.

Ce monsieur (fait) ____________________ un métier difficile.

C'est (un métier) ____________________ qui me plairait bien.

Nous avons trouvé cet examen très (difficile) ____________________.

Vous pouvez (participer) ____________________ à un échange scolaire.

Je voudrais bien (aller voir) ____________________ mon correspondant cet été.

Vers 10 heures, les lycéens français ont (une pause) ____________________ de 20 minutes.

A l'université, il (étudie la médecine) ____________________.

Elle a été punie pendant (la leçon) ____________________ de français.

2.4 Antonymes

Complétez les phrases et trouvez le contraire du mot ou de l'expression souligné.

Certains professeurs sont indulgents, d'autres sont très ____________________.

Il y a des élèves qui travaillent beaucoup et d'autres qui sont ________________.

A l'école, il y a des matières faciles et des matières ____________________.

Cet élève va passer dans la classe supérieure, et celui-là va devoir ____________ ____________.

Vous pouvez réussir ou ____________________ l'examen que vous passez.

Cette fille est gentille mais sa sœur est ____________________.

Il est bon en mathématiques mais il est ____________________ en anglais.

Elle est moins bonne que son amie en histoire mais elle est ____________________ en géographie.

En France, la date des vacances n'est pas la même pour tout le monde. Il y a des élèves qui ont classe et d'autres qui ____________________________________.

Les parents peuvent choisir de mettre leurs enfants dans un lycée d'Etat ou dans une ____________________________.

2.5 L'expression qui convient

Marquez l'expression qui exprime la même chose.

Il passe dans la classe supérieure.
- ☐ Il a un mauvais bulletin.
- ☐ Il a au moins la moyenne de 10 sur 20 dans ses notes.
- ☐ Il a raté son examen.

C'est un élève obéissant.
- ☐ Il n'écoute pas le professeur.
- ☐ Il est indiscipliné.
- ☐ Il fait ce qu'on lui demande.

Il veut réussir sa vie professionnelle.
- ☐ Il fait un stage dans une entreprise.
- ☐ Il choisit son métier sans réfléchir.
- ☐ Il ne pense qu'aux vacances.

Un jumelage qui marche bien.
- ☐ Les gens se rencontrent rarement.
- ☐ Les villes se découvrent avec intérêt et s'entendent bien sur beaucoup de choses.
- ☐ Le problème de la langue est grand, les gens ne se comprennent pas.

Il fait l'école buissonnière.
- ☐ Il ne fait pas ses devoirs.
- ☐ Il désobéit aux professeurs.
- ☐ Il manque les cours, sans raison.

Il fait la connaissance de son correspondant.
- ☐ Il fait une excursion avec sa classe.
- ☐ Il rencontre pour la première fois un ami étranger à qui il écrit régulièrement.
- ☐ Il part en vacances avec sa famille.

2.6 A chaque verbe son substantif

Trouvez le substantif qui convient au mot souligné.

Pour accueillir les jeunes étrangers, on recherche des familles d'____________.

Pour apprendre un métier, il faut parfois quelques années d'________________________.

Vous pouvez choisir le bac que vous passerez. Vous avez le ____________.

Eduquer les jeunes n'est pas toujours facile et l'__________________ est si importante.

Pour interroger les élèves, le professeur leur fait faire une ______________________ écrite.

Il veut inviter son correspondant, il lui a envoyé une ______________.

Il est parfois nécessaire de punir mais la __________________ n'est pas trop sévère.

Ils ont voulu se rencontrer, leur __________________ a eu lieu cet été.

Il a fallu traduire le discours du maire, la __________________ a été faite par un interprète.

Quand vous voulez visiter un musée, vous pouvez faire la ________________ avec un guide.

2.7 Phrases lacunaires

Complétez les phrases à l'aide de la liste de mots suivante: donner / faire / redoubler / corriger / enseigner / passer / interroger / punir / obéir.

Ce que font les professeurs:

Ils ______________________________ les fautes des élèves.

Ils ______________________________ les élèves qui travaillent mal.

Ils ______________________________ une langue étrangère, par exemple.

Ils ______________________________ les élèves sur le vocabulaire ou les leçons.

Ils ______________________________ des devoirs à faire à la maison.

Ce que font les élèves:

Ils ______________________________ la classe si les notes sont mauvaises.

Ils ______________________________ à leur professeur.

Ils ______________________________ des examens.

Ils ______________________________ parfois l'école buissonnière.

Ils ______________________________ dans la classe supérieure quand ils ont un bon bulletin.

2.8 Pour rire un peu

Traduisez les mots entre parenthèses.

Un petit garçon demande à son (Grundschullehrerin) ______________________________:

- Pardon, Madame, est-ce qu'on peut être (bestraft) ____________________ pour quelque chose qu'on n'a pas fait?
- Bien sûr que non , si tu n'as rien fait!
- Oh, alors, je suis bien content, je n'ai pas fait mes (Hausaufgaben) ______________________________.

2.9 Grille en escalier

Remplissez la grille avec les mots qui conviennent.

De temps en temps, il faut ... le vocabulaire.
Après ses études, il va se ... pour une place de travail dans une entreprise.
Monsieur Saitrien sera le nouveau ... de notre école.
On n'a pas le droit de rester dans la salle de classe pendant la ...
Notre prof est indulgent, il n'est pas ...
Quelle est ta ... préférée à l'école?
Après la récréation il faut se ... dans la salle de classe.
Pour pouvoir parler une langue étrangère, il faut ... le vocabulaire.
Pour pouvoir étudier à l'université, il faut ... reçu au baccalauréat.
Si vous voulez, vous pouvez ... part aux échanges scolaires.
Le premier jour de classe après les grandes vacances s'appelle la ...

R	E								
	R	E							
		R	E						
			R	E					
				R	E				
					R	E			
				R	E				
			R	E					
		R	E						
	R	E							
R	E								

Loisirs – sports – vacances

1 Champ sémantique

1.1 Vocabulaire

l'activité (f.)	Betätigung, Aktivität
agréable	angenehm
l'alpinisme (m.)	Bergsteigen
amusant, -e	lustig, unterhaltsam
l'auberge (f.) de jeunesse	Jugendherberge
le ballon	Ball
la bicyclette	Fahrrad
boire / prendre un pot	etwas miteinander trinken gehen
le bricolage	Basteln
bricoler	basteln
le bruit	Lärm
bruyant, -e	laut
le calme	Ruhe
calme	ruhig
le camping-car	Wohnmobil
la caravane	Wohnwagen
la chaîne de télé	Fernsehsender
le / la champion, -ne	Meister, -in (Sport)
la colonie de vacances	Ferienkolonie, Feriendorf
la course	Rennen, Einkauf
le / la cycliste	Radfahrer, -in
dangereux, -euse	gefährlich
la danse	Tanz
danser	tanzen
(dés)agréable	(un)angenehm
discuter	plaudern, diskutieren
la distraction	Zerstreuung, Unterhaltung
le divertissement	Zerstreuung, Unterhaltung
l'écran (m.)	Bildschirm
ennuyeux, -euse	langweilig
la fatigue	Müdigkeit
fréquenter	besuchen
le / la gagnant, -e	Sieger, -in

gagner	gewinnen, verdienen
le jeu	Spiel
le/la joueur, -euse	Spieler, -in
la journée	Tagesablauf
lancer	werfen
la lecture	Lesen
les loisirs (m. pl.)	Freizeit
malsain, -e	ungesund
le match	Spiel
nager	schwimmen
la natation	Schwimmen
participer à …	teilnehmen an …
passer	verbringen
le passe-temps	Freizeit, Zeitvertreib, Hobby
le patin à roulettes	Rollschuh
le patin en ligne	Inliner
le/la perdant, -e	Verlierer, -in
perdre	verlieren
la piscine	Schwimmbad
la plage	Strand
le plaisir	Freude, Vergnügen
la planche à voile	Surfbrett
la plongée sous-marine	Tauchen
profiter de	genießen
la promenade	Spaziergang
la randonnée	Wanderung
le repos	Ruhe, Erholung
reposant, -e	erholsam
le résultat	Ergebnis
rire	lachen
le roller	Inline-Skate
s'amuser	sich amüsieren
s'ennuyer	sich langweilen
s'entraîner	trainieren
le sable	Sand
sain, -e	gesund
se baigner	baden
se détendre	sich entspannen
se distraire	sich zerstreuen

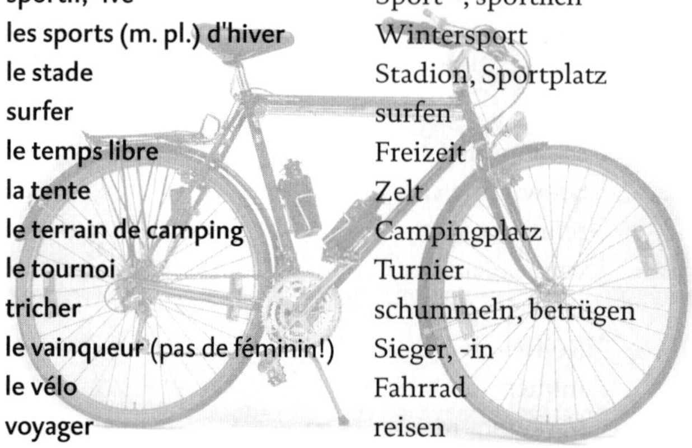

se divertir	sich vergnügen, sich zerstreuen
se reposer	sich ausruhen
séjourner	sich aufhalten, leben, wohnen
le spectacle	Schauspiel, Aufführung
spectateur, -trice	Zuschauer, -in
sportif, -ive	Sport ~, sportlich
les sports (m. pl.) d'hiver	Wintersport
le stade	Stadion, Sportplatz
surfer	surfen
le temps libre	Freizeit
la tente	Zelt
le terrain de camping	Campingplatz
le tournoi	Turnier
tricher	schummeln, betrügen
le vainqueur (pas de féminin!)	Sieger, -in
le vélo	Fahrrad
voyager	reisen

1.2 Idiomes et locutions

à la campagne	Pour se reposer au calme, beaucoup de gens passent leurs vacances à la campagne.	auf dem Land
à la montagne	Il va à la montagne pour y pratiquer des sports d'hiver.	im Gebirge
au bord de la mer	Si vous passez vos vacances au bord de la mer, vous pouvez faire de la planche à voile.	am Meer
avoir le temps de faire qc	Beaucoup de lycéens français se plaignent de ne pas avoir le temps de faire du sport.	Zeit haben etwas zu tun

être en bonne santé	Certains sports sont dangereux pour les personnes qui ne sont pas en bonne santé.	gesund sein
en plein air	Le football, l'alpinisme, la planche à voile, le cyclisme sont des sports qui se pratiquent en plein air.	im Freien
faire du ski, du vélo, du patin à glace	Beaucoup de Français vont dans les Alpes ou les Pyrénées pour faire du ski.	Ski-, Rad-, Schlittschuh fahren
faire du cheval	Si vous voulez faire du cheval, il vous faut un équipement (Ausstattung) spécial.	reiten
jouer à qc	Il y a des filles qui aiment jouer au foot.	etwas spielen
jouer de qc	Mon fils joue très bien du piano.	ein Instrument spielen
passer son temps à	Pendant ses loisirs, elle passe son temps à lire des romans policiers.	seine Zeit verbringen mit
pratiquer un sport	Le football est un sport qui se pratique en équipe.	einen Sport ausüben
faire du sport	Il est recommandé de faire du sport pour rester en forme.	Sport treiben
faire match nul	Les deux équipes ont fait match nul, zéro à zéro, elles vont rejouer la semaine prochaine.	unentschieden spielen

sortir en boîte (f.)/aller à la disco	Dans les petits villages de campagne, les jeunes s'ennuient parce qu'il n'y a pas de discothèque et ils ne peuvent pas sortir en boîte.	in eine Disco gehen
faire de l'auto-stop	Pour faire de l'auto-stop, on fait un signe aux automobilistes qui s'arrêtent parfois et vous laissent monter dans leur voiture.	per Anhalter fahren
faire les boutiques	Pendant leur temps-libre, les jeunes femmes aiment faire les boutiques pour trouver des vêtements à la mode.	einen Stadtbummel machen

2 Exercices

2.1 Définitions

Trouvez le substantif à l'aide de la définition.

Réservée aux jeunes, elle coûte moins cher que l'hôtel: une ____________________
____________________.

Un sport qui se pratique dans une piscine: ____________________.

Il peut être à roulettes , en ligne ou à glace: ____________________.

Une période agréable pendant laquelle les élèves n'ont pas classe: ____________________
____________________.

On dort dessous quand on fait du camping: ____________________.

Quand il y a du vent, elle permet de se déplacer rapidement sur l'eau: ____________________
____________________.

Ce qu'il faut faire quand on veut améliorer ses performances (Leistungen) dans un sport: ____________________.

Une série de matchs qu'il faut gagner pour arriver en finale: ____________________.

Les sports qui se pratiquent dans la neige: ____________________.

Au bord de la mer, elle est faite de sable ou de galets (Kies): ____________________.

2.2 Le mot en trop

Il y a dans chaque liste un mot qui ne concerne pas les autres. Dites pourquoi à l'aide de la liste suivante: plaisir / sport / ballon / sportif / loisir / servir au camping / à la mer / passer ses vacances.

La tente – la caravane – la bicyclette – le camping-car.

La natation – la course à pied – le ski – la lecture.

Le football – le tennis – la natation – le handball.

Un nageur – un alpiniste – un footballeur – un téléspectateur.

La lecture – les devoirs – le bricolage – le sport.

2.3 Où est-ce que Michel passe ses vacances?

Qu'est-ce que vous voyez sur les photos ci-dessous?

_[1] _ _ _ _ _ _

_ _ _ _[2] _ _ _ _ _ _ _

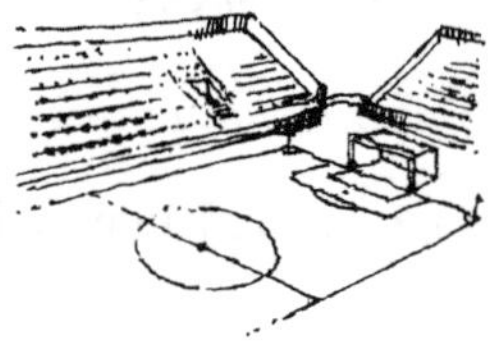

_ _ _ _ _ _ _[3]

_ _ _ _[4] _ _

_ _ _ _ _ _ _ _ _ _ _[5] -
_ _ _

_ _ _ _ _ _ -
_ _ _ _ _ _ _ _ _[6]

Michel passe ses vacances en _[1] _[2] _[3] T _[4] _[5] _[6] E.

2.4 L'expression qui manque

Trouvez le mot ou l'expression qui manque.

Grenoble: à la montagne	Nice: __________
la grande ville: bruyante	la campagne: __________
le travail: fatigant	les vacances: __________
les jeunes: auberge de jeunesse	les adultes: __________
à la montagne: faire du ski	à la mer: __________
le football: un match	les cartes: __________
nager: la natation	se distraire: __________
1 km à pied: une promenade	20 km à pied: __________

2.5 Antonymes

Complétez les phrases et trouvez le contraire du mot ou de l'expression souligné.

Il faut savoir partager son temps entre le travail et les ______________________.

Le soir, on peut rester à la maison ou ______________________________.

Certains films vous font pleurer et d'autres vous font ______________________.

Faire du sport est sain, fumer est plutôt ____________________________.

Ils vont se reposer sur la plage et leurs amis vont __________________ au travail.

Cette randonnée est sans danger, par contre l'alpinisme est un sport __________ __________________.

Après le match, tous les joueurs, les gagnants et les ____________________, ont pris un pot ensemble.

Certains vacanciers recherchent le calme parce qu'ils n'aiment pas ___________.

J'ai trouvé ce livre intéressant, par contre celui-là est ______________________.

2.6 Quelle est la préposition qu'il faut?

Remplissez les lacunes à l'aide de la liste suivante: à / à l' / à la / au / en / sous / dans / de / du / de la.

partir _____________ vacances

aller _____________ montagne

faire _____________ ski

faire _____________ planche à voile

jouer _____________ équipe:

dormir _____________ la tente

acheter des patins _______ roulettes

dormir _____________ une auberge de jeunesse

aimer jouer _____________ plein air

partir _____________ voiture

jouer _____________ tennis

jouer _____________ la guitare

sortir _____________ boîte

faire _____________ vélo

faire _____________ sport

passer ses vacances _____________ bord de la mer

2.7 De quoi rêvent-ils?

Pour le savoir, trouvez le mot ou l'expression qui va avec chaque dessin.

Jean aimerait ____.

Corinne a envie de ____.

Philippe voudrait ____.

Myriam veut ____.

Adrien aime ____.

Anne choisit de ____.

2.8 Lettres en désordre

Remettez les lettres entre parenthèses dans l'ordre.

Si tu continues à (RECHTIR) ____________________, je ne joue plus avec toi.

Tu n'as rien à (PREDER) ____________________ mais tout à gagner.

Il passe son temps devant la télé, il n'est pas très (SIRTOPF) ____________________.

Pour moi, la distraction la plus (PROTESANE) ____________________, c'est écouter de la musique.

La France a été ____________________ (POICHMANNE) de football.

On peut (FRUSER) ____________________ sur une planche ou sur Internet.

Ils n'ont pas pu jouer le match, ils avaient oublié le (BLONAL) ______________.

Se promener avec les parents est une activité (YEUSENNUE) ________________ ____________ pour beaucoup d'enfants.

J'ai retrouvé mes copains dans un café pour (DRENPER NU TOP) ____________ __________________________.

2.9 Le mot caché

Trouvez un endroit où beaucoup de jeunes aiment se retrouver.

Ce que les joueurs n'aiment pas faire quand ils jouent un match important.
On y fait des compétitions de natation.
Beaucoup de gens passent leur temps libre devant celui de la télévision.
C'est le sportif le meilleur de tous.
On l'appelle aussi un vélo.
On peut le gagner ou le perdre, il y en a plusieurs dans un tournoi.
Un synonyme pour «le gagnant».
Un passe-temps agréable dans un fauteuil avec un bon livre.

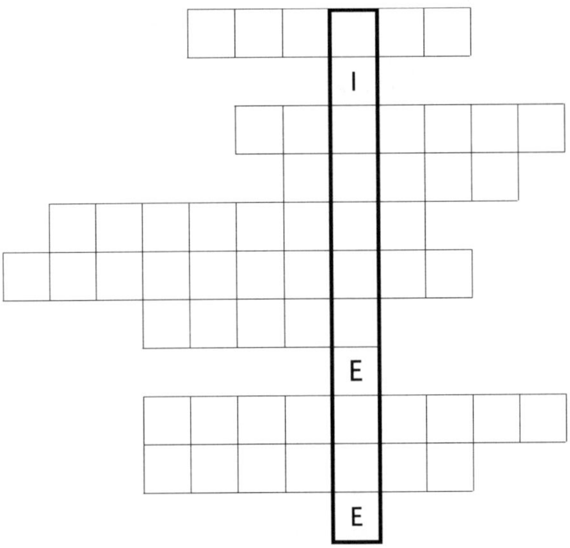

Elle n'a pas [illegible] Il avait oublié le [illegible]

[illegible] beaucoup d'argent.

[illegible] de peau [illegible]

[illegible]

[illegible] quand [illegible]

[illegible] de la nation [illegible]

Beaucoup de gens passent le [illegible] devant de la télévision

[illegible] meilleur [illegible]

On l'appelle [illegible] vie.

[illegible] perdre. Il y a plusieurs dans [illegible]

[illegible]

[illegible] dans [illegible] avec un [illegible]

La vie quotidienne

Un marché typique dans une rue de Paris

1 Champ sémantique

1.1 Vocabulaire

l'achat (m.)	Einkauf
l'addition (f.)	Rechnung
appétissant, -e	appetitlich
l'argent (m.)	Geld
ausculter	untersuchen
l'automne (m.)	Herbst
l'avion (m.)	Flugzeug
la banque	Bank
le billet	Fahrkarte, Geldschein
la boisson	Getränk
bon marché (invariable)	billig
la caisse	Kasse
la chaleur	Hitze
changer	wechseln
le chauffeur	Fahrer
cher, chère	teuer
le ciel	Himmel
la circulation	Verkehr
le/la client, -e	Kunde, -in
la clientèle	Kundschaft
le comprimé	Tablette
les courses (f. pl.)	Einkäufe
le couteau	Messer
coûter	kosten
coûteux, -euse	teuer
le couvert	Besteck
la cuillère	Löffel
cuire	(auf)kochen
cuisiner	kochen
le déjeuner	Mittagessen
délicieux, -euse	köstlich
la dépense	Ausgabe
dépenser	Geld ausgeben
dépensier, -ière	verschwenderisch

le dessert	Nachtisch
le dîner	Abendessen
économe	sparsam
économiser	sparen
l'embouteillage (m.)	Verkehrsstau
l'entrée (f.)	Vorspeise, Eingang
l'été (m.)	Sommer
la faim	Hunger
la fermeture	Schließung
la fièvre	Fieber
la fourchette	Gabel
le froid	Kälte
le fromage	Käse
gagner	verdienen
le garçon	Kellner, Junge
la gare	Bahnhof
le gâteau	Kuchen
le gel	Frost
la glace	Eis
la grande surface	Einkaufszentrum
grave	schlimm
guéri, -e	geheilt
guérir	heilen
le guichet	Schalter
l'hiver (m.)	Winter
l'hôpital (m.)	Krankenhaus
le hors-d'œuvre	Vorspeise
les légumes (m. pl.)	Gemüse
le magasin	Geschäft, Kaufhaus
la maladie	Krankheit
le marché	Markt
le médecin	Arzt
le médicament	Arznei, Medikament
le ménage	Haushalt
la monnaie	Kleingeld
les moyens (m. pl.)	Mittel (pl.)
neiger	schneien
la nourriture	Nahrung, Essen
le nuage	Wolke

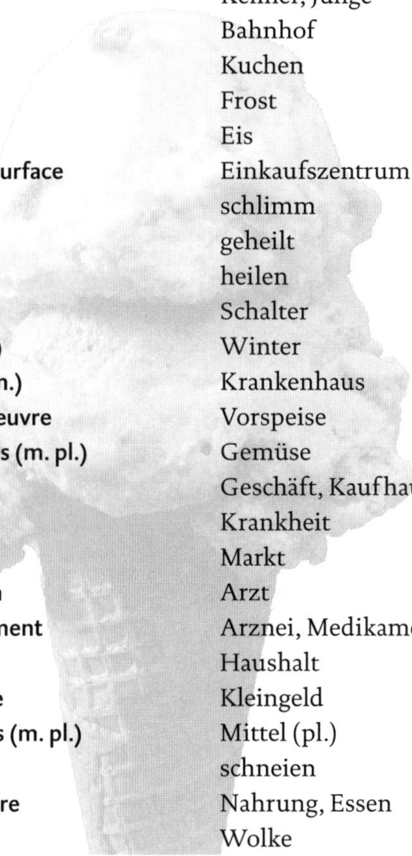

l'occasion (f.)	(Sonder-)Angebot, Gelegenheit
offrir	anbieten
l'orage (m.)	Gewitter
l'ordonnance (f.)	Rezept
ouvert, -e	geöffnet
pauvre	arm
le petit déjeuner	Frühstück
la pharmacie	Apotheke, Hausapotheke
le plat	Gericht, Speise
pleuvoir	regnen
la pluie	Regen
le poisson	Fisch
prendre froid	sich erkälten
le printemps	Frühling
le prix	Preis
la publicité	Werbung
quotidien, -ne	täglich
la recette	Kochrezept
le repas	Essen
riche	reich
la saison	Jahreszeit
salé, -e	salzig
la santé	Gesundheit
la soif	Durst
les soldes (f. pl.)	Schlussverkauf
la station	Haltestelle
sucré, -e	süß
le supermarché	Supermarkt
la tempête	Sturm
le temps	Wetter, Zeit
le transport	Verkehr
le/la vendeur, -euse	Verkäufer, -in
vendre	verkaufen
le vent	Wind
le verre	Glas
la viande	Fleisch
le voyage	Reise

1.2 Idiomes et locutions

faire des économies	Quand on ne dépense pas tout son argent, on fait des économies.	Geld sparen
prendre le bus	Beaucoup de gens prennent le bus pour aller travailler.	mit dem Bus fahren
voyager <u>en</u> ... (train, bus, avion, voiture) **voyager <u>à</u> ... (bicyclette, moto, cheval, pied)**	Il a peur de voyager en avion, il préfère voyager à moto.	mit dem Zug/Bus/Flugzeug/Auto/Fahrrad/Motorrad fahren/reiten/zu Fuß gehen
avoir les moyens de faire qc	Il n'a pas les moyens de partir en vacances cette année.	sich etwas leisten können
recevoir de l'argent de poche	Mes enfants reçoivent de l'argent de poche une fois par mois.	Taschengeld bekommen
avoir besoin de qc	Les voyageurs ont besoin d'un billet pour pouvoir prendre le train.	etwas brauchen
il fait beau/mauvais (temps)	S'il fait beau, nous ferons une promenade.	es ist schönes/schlechtes Wetter
il fait chaud/froid /du vent/du soleil	En été il fait chaud, en hiver il fait plutôt froid et il fait souvent du vent.	es ist warm/kalt/windig/die Sonne scheint
avoir mal à	J'ai mal au ventre (ich habe Bauchweh) et j'ai aussi mal au cœur (mir ist auch schlecht).	Schmerzen haben
payer par chèque	Si vous n'avez pas d'argent liquide (Bargeld) vous pouvez payer par chèque.	mit einem Scheck bezahlen

changer de l'argent	Pour changer de l'argent on va dans une banque ou à un distributeur de billets.	Geld wechseln
les heures d'ouverture	Les heures d'ouverture des grands magasins sont souvent de 9h à 20h, du lundi au samedi.	Öffnungszeiten
rendre malade	Attention, trop de soleil peut vous rendre malade.	krank machen
rendre la monnaie	A la caisse, la caissière vous rend la monnaie.	Wechselgeld herausgeben
avoir l'air	Je trouve qu'elle a l'air en pleine forme!	aussehen
faire la queue	Dans les grandes surfaces, il faut souvent faire la queue à la caisse.	Schlange stehen
mettre la table	Les enfants vont chercher les assiettes, les verres et les couverts pour mettre la table.	den Tisch decken
les transports (m. pl.) en commun	Dans les grandes villes, il vaut mieux laisser sa voiture au garage et utiliser les transports en commun, comme le bus, le tram ou le métro.	öffentliche Verkehrsmittel

2 Exercices

2.1 Antonymes

Complétez les phrases et trouvez le contraire du mot ou de l'expression souligné.

Avant de pouvoir <u>acheter</u> une nouvelle voiture, il doit ____________________ la vieille.

Les uns préfèrent <u>économiser</u> leur argent, d'autres aiment mieux le ____________________.

L'<u>ouverture</u> de ce magasin est à 9 heures, la ____________________ à 20 heures.

Vous pouvez faire vos courses dans <u>un petit magasin</u> ou dans ____________________.

Si vous <u>tombez malade</u>, ce bon médecin peut vous ____________________.

Aujourd'hui la boutique est <u>fermée</u>, demain elle sera ____________________.

Ce vêtement est très <u>cher</u>, par contre celui-là est ____________________.

2.2 Synonymes

Complétez les phrases et trouvez le synonyme du mot ou de l'expression souligné.

Pour faire mes <u>achats</u>, je vais dans les petits magasins, mon amie fait ses ____________________ dans les supermarchés.

Y a-t-il un <u>médecin</u> dans ce village? Oui, nous avons un bon ____________________.

Aujourd'hui, <u>il tombe de la pluie</u> et demain, il va encore ____________________.

Il a encore <u>envie de manger</u>, il a toujours ____________________.

Mon fils aussi a souvent <u>envie de boire</u>, il a souvent ____________________.

Beaucoup d'<u>acheteurs</u> sont venus dans le magasin, il y a beaucoup de ____________________.

Voyager en train est <u>cher</u> mais l'avion est encore plus ____________________.

Voulez-vous du pâté comme <u>entrée</u>, ou préférez-vous un autre ____________________?

2.3 Le menu en désordre

Qu'est-ce qui ne va pas sur ce menu? Remettez les plats à leur place.

Restaurant La Bourride

Nos entrées:	mousse au chocolat	________
	steak frites	________
	jus de fruit	________
	glace à la vanille	________
nos plats principaux:	tarte aux pommes	________
	gâteau aux fraises	________
	salade de tomates	________
	café	________
nos desserts:	côtelette de veau	________
	légumes de saison	________
	terrine du chef	________
	eau minérale	________
nos boissons:	rôti de bœuf	________
	vin rouge	________
	hors d'œuvres variés	________
	soupe de poisson	________.

2.4 Phrases lacunaires

Complétez les phrases avec le mot, le verbe ou l'expression qui convient.

Prenez un parapluie, il va bientôt ________________.

Elle passe à la caisse du magasin pour ________________ ses achats.

Le docteur va voir les malades pour les ________________.

Les enfants aident leur mère à ________________ la table.

Je n'ai plus de pièces de 10 centimes, je ne peux pas vous ________________ la monnaie.

Son travail est mal payé, elle voudrait bien ________________ un peu plus d'argent.

Vous allez pouvoir faire du ski, je suis sûre qu'il va ________________.

C'est une maladie grave que les médicaments ne peuvent pas ________________.

Il y a beaucoup de monde dans le magasin, il va falloir ________________ à la caisse.

L'artichaut, l'aubergine, les haricots sont des ________________ qui poussent en été.

Le ________________ est tout bleu, il n'y a pas un nuage.

Avant de partir à l'étranger, il va à la banque pour ________________.

2.5 Lettres en désordre

Remettez les lettres entre parenthèses dans l'ordre.

Ne mange pas avec les mains, prends une (REFOUTTCHE) ________________.

Si vous voulez bien vendre vos produits, faites de la (LICUPITEB) ________________.

Le cuisinier doit être amoureux, la soupe est trop (ELASE) ________________.

Un chewing-gum qui coûte 3 euros, ce n'est pas une (SACCONOI) ________________.

Le fromage ne se mange pas avec une (ECURILLE) ________________.

L'amour peut rendre (LADAME) ______________________.

Si vous avez peur des accidents de voiture, allez à (DIEP) ______________________.

Laissez-moi descendre! Le (FRAUCHEUF) ______________________ de ce taxi a trop bu.

Les poissons ne prennent jamais (RODIF) ______________________.

N'attendez pas un avion a une (TOSAINT) ______________________ de métro.

2.6 Au restaurant

Traduisez les mots entre parenthèses.

Un monsieur, dans un restaurant, vient de finir son (Essen) ______________.

Il appelle le (Kellner) ______________________ et lui demande (die Rechnung) ______________________.

Quelques minutes après, le (Kellner) ______________ la lui présente.

Corrigez cela dit le (Kunde) ______________________ et écrivez une omelette avec deux «t». Quelques minutes plus tard, on lui présente la correction.

2.7 Le mot en trop

Il y a dans chaque liste un mot qui ne concerne pas les autres. Lequel et pourquoi?

l'été – le nuage – le printemps – l'hiver.

un embouteillage – une cuillère – une assiette – un verre.

un billet – un chèque – la monnaie – un achat.

un supermarché– une banque – une pharmacie – une charcuterie.

un hors-d'œuvre – un dessert – un couteau – un fromage.

une voiture – un avion – un bus – un train.

une pharmacie – une ordonnance – un médicament – une recette.

le vin – le jus de fruit – les légumes – l'eau minérale.

2.8 Roues tournantes

Trouvez les mots de 6 lettres correspondant aux définitions. Les roues tournent dans le sens indiqué.

Vous en avez besoin pour acheter quelque chose.
En été il peut pleuvoir, en hiver il peut ...
Le contraire du verbe perdre.
Le soleil se cache parfois derrière les ...
Il est pauvre, il n'a pas les ... d'acheter une voiture.
Il aimerait faire un ... en avion.
Après une journée très chaude, il y a parfois des ...

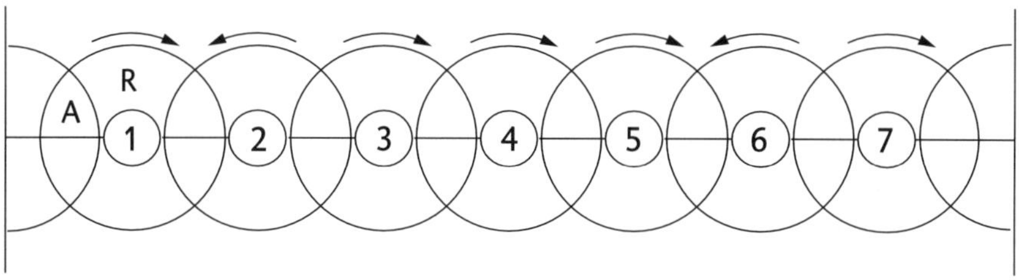

2.9 Chez le médecin

Traduisez les mots entre parenthèses.

Monsieur Grosjean rentre chez lui après une visite chez le ____________________ (Arzt). Qu'est-ce qu'il t'a dit? lui demande sa femme.

Et bien, il m'a ____________________ (untersucht), ensuite il m'a fait une ____________________ (Rezept). Je dois prendre un ____________________ (Tablette) après chaque ____________________ (Essen) pendant toute ma vie.

Oh, dit sa femme, ce n'est pas ____________________ (schlimm), beaucoup de gens doivent prendre chaque jour des ________________________ (Arznei).

Oui, mais il m'a donné seulement trois ____________________ (Tabletten).

Les jeunes et la culture

… et le plaisir de la découvrir ensemble.

1 Champ sémantique

1 Vocabulaire

l'acteur, -trice (m./f.)	Schauspieler, -in
les actualités (f. pl.)	Nachrichtensendung
l'admirateur, -trice (m./f.)	Fan, Bewunderer
admirer	bewundern
adorer	sehr mögen
applaudir	applaudieren, jubeln
l'art (m.)	Kunst
l'artiste (m./f.)	Künstler, -in
artistique	kunstvoll, Kunst ~
assister à	teilnehmen an
l'atelier (m.)	Atelier, Werkstatt
l'auditeur, -trice (m./f.)	Zuhörer, -in
le bal	Tanzabend, Ball
le baladeur	Walkman
la bande	Kassette, Tonband, Videoband
la BD (bande dessinée)	Comic
la beauté	Schönheit
célèbre	berühmt, bekannt
la chaîne de télé	Fernsehkanal
la chaîne Hi-Fi	Stereoanlage
la chanson	Lied
chanter	singen
le/la chanteur, -euse	Sänger, -in
le cinéma	Kino
composer	komponieren
le compositeur	Komponist
le concert	Konzert
connu, -e	bekannt, berühmt
la couleur	Farbe
le couturier	Modeschöpfer
la couturière	Näherin
la créatrice de mode	Modeschöpferin
cultivé, -e	gebildet
la culture	Kultur

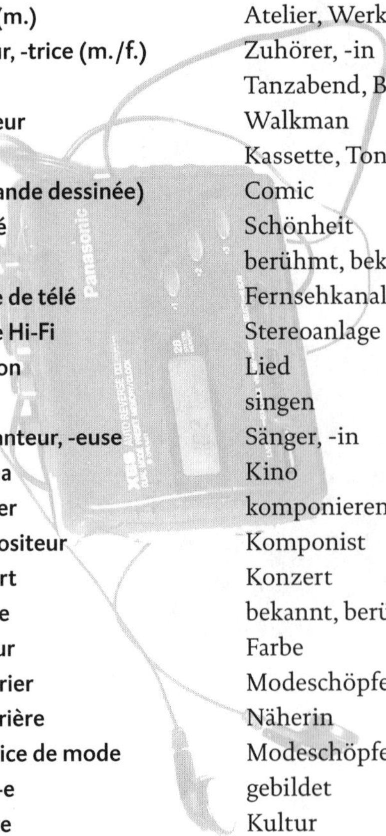

culturel, -le	kulturell
danser	tanzen
démodé, -e	altmodisch
le dessin animé	Zeichentrickfilm
le dessin	Bild, Zeichnung
dessiner	zeichnen, malen
détester	hassen, verabscheuen
la discothèque	Diskothek
le disque	Schallplatte
l'écouteur (m.)	Kopfhörer
l'écran (m.)	Leinwand (Kino), Bildschirm (Fernseher, Computer)
élégant, -e	elegant
l'émission (f.)	Sendung
l'épouvante (f.)	Horror
l'exposition (f.)	Ausstellung
le film	Film
fréquenter	besuchen, mit jmdm. Umgang haben
la galerie	Gemäldeausstellung
le groupe	Band
le guide	Führer
la haute couture	die führenden Modehäuser
le haut-parleur	Lautsprecher
l'information (f.)	Nachricht, Auskunft
intellectuel, -le	intellektuell
le journal	Zeitung
le mannequin	Model
le maquillage	Schminke
les média	Medium, Medien
médiatique	medienwirksam
le metteur en scène	Regisseur
le micro	Mikrofon
moderne	modern
le/la musicien, -ne	Musiker, -in
l'opéra (m.)	Oper
l'orchestre (m.)	Orchester, Band
peindre	malen
le peintre	Maler
la peinture	Malerei

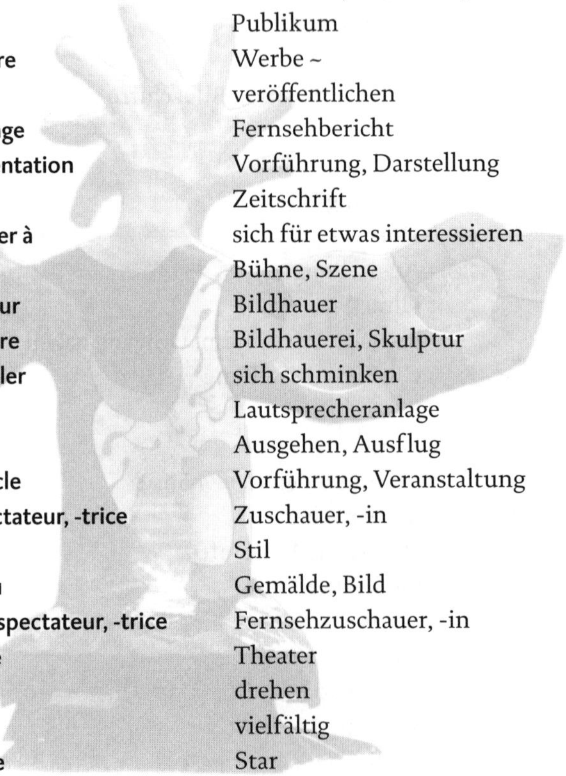

la pièce	Theaterstück
plaire	gefallen
le policier	Krimi
populaire	beliebt
porter	tragen
préféré, -e	Lieblings ~, bevorzugt
préférer	vorziehen
présenter	vorführen, aufführen, vorstellen
le public	Publikum
publicitaire	Werbe ~
publier	veröffentlichen
le reportage	Fernsehbericht
la représentation	Vorführung, Darstellung
la revue	Zeitschrift
s'intéresser à	sich für etwas interessieren
la scène	Bühne, Szene
le sculpteur	Bildhauer
la sculpture	Bildhauerei, Skulptur
se maquiller	sich schminken
la sono	Lautsprecheranlage
la sortie	Ausgehen, Ausflug
le spectacle	Vorführung, Veranstaltung
le/la spectateur, -trice	Zuschauer, -in
le style	Stil
le tableau	Gemälde, Bild
le/la téléspectateur, -trice	Fernsehzuschauer, -in
le théâtre	Theater
tourner	drehen
varié, -e	vielfältig
la vedette	Star

1.2 Idiomes et locutions

enregistrer un disque	Le chanteur vient d'enregistrer un disque dans un studio très connu.	eine Schallplatte aufnehmen
passer un film	Ce soir, on passe un policier sur la troisième chaîne.	einen Film bringen
avoir le trac	Avant d'entrer en scène, les acteurs ont le trac.	Lampenfieber haben
donner une pièce de théâtre	Au théâtre de Paris, on donne une pièce de Molière.	ein Theaterstück aufführen
être à la mode	Les jeunes d'aujourd'hui veulent être à la mode.	modern sein, modisch gekleidet sein
en direct	Il présente l'émission en direct.	live
sortir en boîte	Si vous voulez sortir en boîte ce soir, allez à la nouvelle discothèque.	in die Disko gehen
être au courant de qc	Je ne suis pas au courant de ce qui s'est passé hier.	auf dem Laufenden sein

2 Exercices

2.1 Quel verbe va avec quel substantif?

Trouvez le mot ou l'expression qui va avec chacun des verbes suivants.

tourner	en boîte
sculpter	une chanson
publier	un disque
peindre	un film
se maquiller	un livre
danser	un musée
applaudir	un opéra
enregistrer	une sculpture
chanter	à un spectacle
sortir	une vedette
assister	un tableau
composer	un tango
visiter	un vêtement
porter	le visage

2.2 Phrases lacunaires

Trouvez le mot qui manque pour compléter les phrases.

Ce ____________________ a créé des vêtements très élégants.

Chers ____________________, merci d'écouter notre émission.

La ____________________ donne envie aux jeunes d'acheter beaucoup de choses.

Il a eu très peur, il est allé voir un film d' ____________________.

Pour m'informer à la télé je regarde les ____________________.

Au musée du Louvre, on peut voir des ____________________ de peintres célèbres.

Nous sommes allés au théâtre voir une ____________________ de Molière.

Avant d'entrer en scène le chanteur a peur, il a ____________________.

Les nouveaux modèles du couturier sont présentés par des ______________________ ______________.

Cette chanteuse est une grande ____________________ très aimée du public.

Pour pouvoir écouter sa musique pendant la promenade, il prend un __________ ______________.

Astérix et Obélix sont les héros (Helden) d'une ____________________________ très connue.

2.3 Antonymes

Complétez les phrases et trouvez le contraire du mot ou de l'expression souligné.

J'adore la musique moderne mais je ____________________________ la musique classique.

Cette jeune fille est mal habillée, mais son amie est très ____________________.

Cette robe est à la mode, ce pantalon est ____________________.

Deux artistes seront présentés, l'un est inconnu, l'autre est déjà ______________.

Ils n'ont pas aimé le livre mais le film va peut-être leur ____________________.

Le soir, il y a des gens qui aiment rester chez eux et d'autres qui veulent ____________________.

Mon père ne sait jamais rien, mais ma mère est toujours ____________________ de tout.

Le jaune est la couleur que j'aime le moins, le rouge est ma couleur ____________ __________.

2.4 L'expression qui manque

Trouvez le mot ou l'expression qui manque.

enregistrer un disque	____________________ un film
chanson: chanteur	cinéma: ____________________
sculpteur: sculpture	____________________: tableau
regarder un spectacle	____________________ de la musique

créer une mode	____________________ un opéra
une exposition de peinture	une pièce de ____________________
journal: article	télévision: ____________________
mode: couturier	musique: ____________________
visiter: musée	danser: ____________________
musicien: orchestre	____________________: musée

2.5 Le mot caché

Pour trouver quelque chose qui dérange beaucoup de téléspectateurs pendant les films, trouvez le mot correspondant aux définitions suivantes.

Un film avec des gangsters et un commissaire de police.
On le met sur les oreilles pour écouter de la musique sans déranger ses voisins.
Elle sert à enregistrer un film ou une chanson.
Le peintre y expose ses peintures.
Il plaît beaucoup aux enfants quand il est animé.
Celui de la télévision est plus petit que celui du cinéma .
Il peut être policier, d'aventure, d'amour ou d'épouvante.
Il applaudit (ou non) après le spectacle.
Il est très utile à la vie culturelle. La télé, le journal, la radio sont ceux d'aujourd'hui.

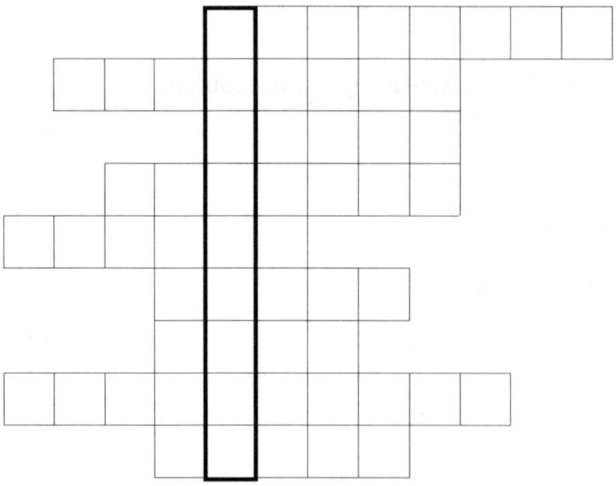

2.6 Définitions

Trouvez le mot ou l'expression qui correspond à chaque définition.

On la fait dans une galerie pour présenter le travail d'un artiste au public: ______________________________.

Un film fait avec une bande dessinée: ______________________________________.

Rouge, jaune, ... celle des vêtements est importante quand on veut être à la mode: ______________________________.

Un appareil dont on a besoin pour écouter ses disques: ______________________ ______________.

Présentée à la radio ou à la télé, elle peut être sportive, politique ou de variétés: ______________________________.

Il dirige les acteurs pendant le tournage d'un film: ___________________________ ____________________.

Un orchestre formé de quelques jeunes qui jouent une musique moderne: _____ _________________________.

Il est formé par l'ensemble des personnes qui assistent à un spectacle: _________ ____________________.

La pièce où travaillent le peintre ou le couturier: ____________________________.

Un mot pour désigner la musique, la peinture, la danse, le cinéma: ___________.

2.7 Le mot en trop

Il y a dans chaque liste un mot qui ne concerne pas les autres. Lequel et pourquoi?

public – téléspectateur – chanteur – auditeur.

scène – film policier – dessin animé – pièce de théâtre.

couturier – vêtement – mode – beauté.

concert – sculpture – orchestre – musicien.

applaudir – admirer – visiter – adorer.

acteur – chanteur – danseur – baladeur.

célèbre – populaire – culturel – connu.

assister – fréquenter – visiter – présenter.

théâtre – cinéma – télévision – discothèque.

revue – spectacle – journal – roman policier.

2.8 Quelles voyelles manquent?

Trouvez les voyelles qui manquent, et mettez chaque mot dans le groupe auquel il appartient.

p __ __ c __

__ m __ ss __ __ n

v __ t __ m __ nt

d __ m __ d __

__ ct __ __ l __ t __ s

c __ mp __ s __ t __ __ r

__ ct __ __ r

p __ bl __ c

m __ s __ c __ __ n

sc __ n __

p __ l __ c __ __ r

m __ nn __ q __ __ n

__ p __ r __

__ cr __ n

sp __ ct __ cl __

__ rch __ str __

h __ __ t __ c __ __ t __ r __

ch __ nt __ __ r

r __ p __ rt __ g __

c __ __ t __ r __ __ r

Théâtre:

Télévision:

Mode:

____

____

____

____

____

Musique:

____

____

____

____

____

2.9 Grille de musique

9 mots qui se rapportent à la musique sont cachés dans cette grille. A vous de les trouver (waagrecht, senkrecht oder vertikal).

A	E	U	Q	H	F	P	D	R	E	B	V	T	G
T	O	C	Y	L	S	A	Z	W	H	X	J	C	O
I	G	M	O	Z	F	O	X	H	A	N	E	Q	A
D	I	S	Q	U	E	S	V	I	U	Z	P	B	N
N	E	E	J	H	T	Q	C	T	T	L	Y	Q	M
K	C	H	A	I	N	E	H	I	–	F	I	S	I
X	M	W	P	S	M	K	U	R	P	Y	K	A	C
A	T	C	T	D	Z	L	E	R	A	U	F	M	R
O	S	G	S	I	E	F	R	I	R	A	D	I	O
E	U	O	F	D	E	J	H	W	L	O	V	I	G
R	A	P	N	Z	C	O	N	C	E	R	T	C	R
J	M	A	V	O	Y	B	Z	T	U	N	H	A	P
L	B	A	L	L	A	D	E	U	R	S	K	U	D

La famille et les amis

1 Champ sémantique

1.1 Vocabulaire

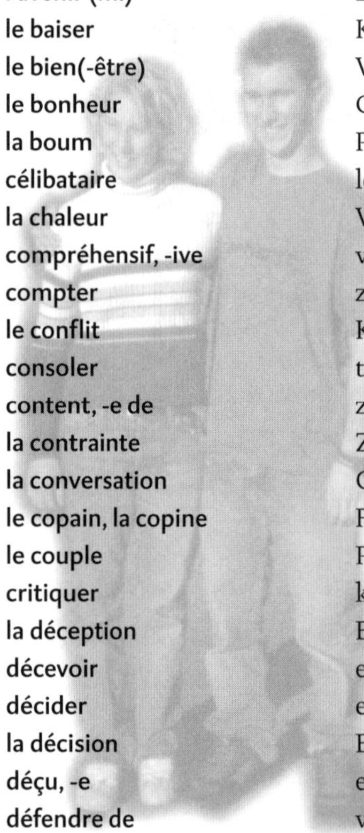

(in)dépendant, -e	(un)abhängig
l'adolescent, -e (m./f.)	Jugendliche, -r
l'adulte (m./f.)	Erwachsene, -r
affirmer	behaupten
l'ambiance (f.)	Stimmung
l'amitié (f.)	Freundschaft
l'amour (m.)	Liebe
amoureux, -euse	verliebt
l'atmosphère (f.)	Stimmung
attendre	erwarten, warten
attentif, -ive	aufmerksam
l'avenir (m.)	Zukunft
le baiser	Kuss
le bien(-être)	Wohl
le bonheur	Glück
la boum	Party
célibataire	ledig
la chaleur	Wärme, Warmherzigkeit
compréhensif, -ive	verständnisvoll
compter	zählen, wichtig sein
le conflit	Konflikt
consoler	trösten
content, -e de	zufrieden mit, froh über
la contrainte	Zwang
la conversation	Gespräch, Unterhaltung
le copain, la copine	Freund,-in
le couple	Paar
critiquer	kritisieren
la déception	Enttäuschung
décevoir	enttäuschen
décider	entscheiden
la décision	Entscheidung
déçu, -e	enttäuscht
défendre de	verbieten zu

désobéir	nicht gehorchen
désobéissant, -e	ungehorsam
devenir	werden
dialoguer	miteinander sprechen
la discussion	Diskussion
discuter de qc	diskutieren, über etwas sprechen
la dispute	Streit
draguer qn	jmdn. anmachen (pop)
l'éducation (f.)	Erziehung
éduquer	erziehen, aufziehen
élever	erziehen
embrasser	küssen
espérer	hoffen
exiger	fordern, verlangen
familial, -e	familiär
fidèle	treu
la fréquentation	Umgang
fréquenter qn	mit jmdm. Umgang haben
gêné, -e	verlegen
heureux, -euse	glücklich
l'incompréhension (f.)	Unverständnis
l'importance (f.)	Wichtigkeit
important, -e	wichtig
l'indifférence (f.)	Gleichgültigkeit
indifférent, -e	gleichgültig
indulgent, -e	nachsichtig
interdire de	verbieten
jaloux, -se	eifersüchtig
la liberté	Freiheit
libre	frei
le lieu de rencontre	Treffpunkt
malheureux, -euse	unglücklich
le mariage	Ehe, Hochzeit
mentir	lügen
obéir	jmdm. gehorchen
obéissant, -e	gehorsam
oser	wagen, sich trauen
permettre	erlauben
pleurer	weinen

préférer	vorziehen
prétentieux, -euse	eitel, eingebildet, angeberisch
proche	nah
profiter de	nutzen, ausnutzen, genießen
promettre de faire qc	versprechen etwas zu tun
la protection	Schutz, Geborgenheit
protéger	schützen
quitter	verlassen
le rapport	Beziehung, Zusammenhang
réfléchir	überlegen
le refuge	Zuflucht
la relation	Beziehung
rencontrer	treffen
le rendez-vous	Verabredung
le reproche	Vorwurf
reprocher qc à qn	jmdm. etwas vorwerfen
rêver	träumen
s'entendre	sich verstehen
s'occuper de	sich kümmern um
satisfait, -e	zufrieden
se comprendre	sich verstehen
se confier à qn	sich jmdm. anvertrauen
se disputer	(sich) streiten
se marier	heiraten
se moquer de	sich lustig machen über, auslachen
se plaindre de	sich beklagen über
se sentir	sich fühlen
le secret	Geheimnis
la sécurité	Sicherheit
sensible	empfindsam, empfindlich
le sentiment	Gefühl
sentimental, -e	sentimental, gefühlvoll
seul, -e	allein
sortir	ausgehen
souffrir de	leiden unter
souhaiter	wünschen
timide	schüchtern
tolérant, -e	nachsichtig, tolerant
triste	traurig

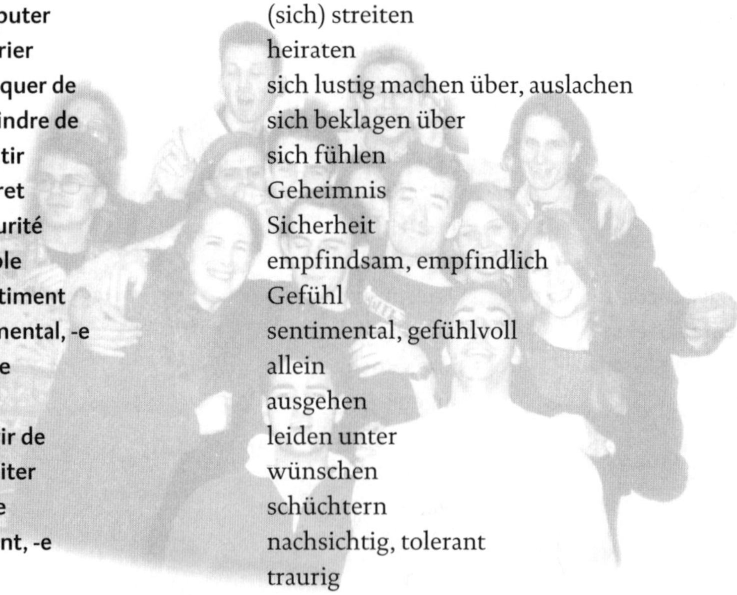

1.2 Idiomes et locutions

le chagrin d'amour	Elle a un chagrin d'amour, son ami l'a quittée.	Liebeskummer
être en colère contre qn	Il est en colère contre sa mère parce qu'elle a réduit son argent de poche.	auf jmdn. böse sein
avoir tort/avoir raison	Il a tort de ne pas écouter les conseils de ses parents.	Recht/Unrecht haben
avoir la permission de faire qc	Ils ont la permission de sortir jusqu'à minuit.	etwas machen dürfen
avoir confiance en qn ou qc/ faire confiance à qn	J'ai confiance en toi, mais je ne fais pas confiance à tes amis.	zu jmdm./etwas Vertrauen haben
tomber amoureux de qn	Il est tombé amoureux d'elle dès qu'il l'a vue.	sich in jmdn. verlieben
prendre une décision	Réfléchissez bien avant de prendre une telle décision!	eine Entscheidung treffen
tenir beaucoup à qc	Je tiens beaucoup à ce livre, cadeau de mon fils.	auf etwas großen Wert legen
demander pardon à qn	Après avoir désobéi, il a demandé pardon à son père.	jmdn. um Verzeihung bitten, sich bei jmdm. entschuldigen
faire des efforts	Les parents font des efforts pour essayer de comprendre les problèmes de leurs enfants.	sich anstrengen
en vouloir à qn	Elle en veut à ses parents qui ne lui permettent pas de sortir ce soir.	jmdm. böse sein
rendre qn (mal)heureux	Un chagrin d'amour peut rendre un jeune très malheureux.	jmdn. (un)glücklich machen

2 Exercices

2.1 Lettres en désordre

Remettez les lettres entre parenthèses dans l'ordre.

Premier (NACHRIG) ______________________ d'amour.
Julie, une (DECOLANETES) ______________________ de 13 ans a rencontré Marc à la disco.
Ils ont dansé ensemble et il l'a (ERUDAGE) ______________________. Il était très beau, et Julie est tout de suite (METEBO ORAMEUSUE) ______________________ de lui. Ils se sont donné (ZEDERN-SOVU) ______________________ le lendemain. Julie était très (HESUERUE) ______________________. Le soir, elle a tout raconté à Brigitte, sa meilleure (PONICE) ________________. Elle avait besoin de (ES FOCIREN) ______________________ à quelqu'un, et elle avait (NIFONECAC) ______________________ en son amie. Brigitte est jolie, mais les garçons ne l'aiment pas, elle est (SULAJOE) ______________________ de Julie. Marc lui plaît bien, à elle aussi. Elle l'avait déjà remarqué la semaine dernière dans une (MOBU) ________________ chez un (APINOC) ________________ de sa classe. Tant pis pour Julie! elle va essayer de lui prendre Marc.
Julie n'a jamais su comment son amie a fait pour réussir aussi vite, mais quand elle est arrivée devant chez Marc, elle a vu le jeune homme (SERAMREBS) ______________________ Brigitte.

Elle a été très (HELARUSUMEE) ______________________ et elle a beaucoup (LERUPE) ________________. A 13 ans, l'(UROMA) ________________ est très important. Heureusement, il y a d'autres garçons et l'un d'eux va sûrement la (SONOCLER) ______________________.

2.2 Synonymes

Complétez les phrases et trouvez le synonyme du mot ou de l'expression souligné.

Les jeunes ont de bons rapports avec leurs parents, en général, leurs ______________ sont plutôt bonnes.

J'aime l'atmosphère de ce lycée où il y a une bonne ______________.

Mon fils n'est pas encore marié, il est toujours ______________.

Il est gentil avec ses amis, il a beaucoup de ______________.

Vous ne pouvez pas défendre de fumer, mais vous pouvez ______________ de faire du bruit.

Il faut dialoguer avec les jeunes. Prenons le temps de ______________ ensemble.

Ils veulent élever leurs enfants le mieux possible, ils essaient de bien les ______________.

C'est une chose qu'on ne peut pas laisser faire, on ne peut pas tout ______________.

Certains jeunes aiment mieux les vacances en famille, d'autres ______________ partir seuls.

Ils font des efforts pour se comprendre, ce n'est pas toujours facile de bien ______________.

2.3 Le mot qui manque

Trouvez le mot ou l'expression qui manque.

Il ne s'entend pas très bien avec ses parents, il y a beaucoup de c ______________ entre eux.

Il espérait voir son amie ce soir, elle n'est pas là, il est d ______________.

Regardez les deux amoureux, ils forment un beau c ______________.

Elle a longtemps hésité, elle a bien réfléchi et elle a pris sa d ______________.

Il est fâché ? Oui, il est très en c ______________.

Elle veut absolument réussir ses études pour ne pas d ____________ ses parents.

Il a besoin de liberté, il ne supporte pas la c ____________.

Ils se sont séparés après de nombreuses d ____________.

Je vous aiderai, vous pouvez c ____________ sur moi.

Les jeunes ont beaucoup de problèmes, il faut se montrer c ____________ envers eux.

Il a souvent déçu ses copains, ils n'ont plus c ____________ en lui.

Il faut que je parle à mon père. Ce soir, nous aurons une longue c ____________.

2.4 La vie de famille, ce que tout le monde en attend

Complétez les phrases à l'aide de la liste de mots et expressions: avenir / comprendre / consoler / discuter de / fréquenter / liberté / mentir / obéir / permettre / protéger / s'occuper / se disputer.

<u>Ce que les parents attendent des enfants</u>:

Ils doivent ____________ quand on leur demande quelque chose.

Ils doivent penser à leur ____________ quand ils préparent leurs examens.

Ne pas ____________ quand on leur pose des questions.

Ils doivent ____________ leurs problèmes.

Ils ne doivent pas ____________ avec leurs frères et sœurs.

Ils doivent bien choisir leurs amis et ne pas ____________ des jeunes qui se conduisent mal.

<u>Ce que les enfants attendent des parents</u>:

Il faut leur ____________ de sortir quand ils en ont envie.

Il faut leur donner ____________ de choisir eux-mêmes leur métier, leurs amis etc.

Il faut les ____________ contre les dangers de la vie.

Les parents doivent __________________ leurs problèmes et les aider à trouver une solution.

Ils doivent les __________________ quand ils sont malheureux.

Les parents doivent prendre le temps de __________________ d'eux, même quand ils ont du travail.

2.5 Comment est-ce qu'ils se sentent aujourd'hui?

Trouvez les lettres qui manquent pour décrire les images ci-dessous.

a _ _ _ r _ _ x

t _ _ s _ e

m _ l _ _ _ r _ _ x

j _ l _ _ x

t _ m _ d _

e _ co _ è _ e

c _ nt _ _ t

h _ _ _ _ u _

d _ _ u

2.6 Grille en escalier

Pour pouvoir remplir la grille, trouvez les mots qui manquent dans les définitions suivantes:

Dans cette famille personne ne part seul, ils partent tous ... en vacances.
Il vaut mieux dire la vérité plutôt que de ...
Un synonyme du mot «futur».
Ce jeu est dangereux, soyez prudents , faites ...
Il n'est pas satisfait de sa nouvelle voiture, il n'est pas du tout ...
Je n'aime pas tes nouveaux amis, je te défends de les ...
Ce père n'est pas assez sévère , il est trop ...
Il n'a plus besoin de personne, il est devenu ...
Il se croit meilleur que les autres, je le trouve fier et ...
Il faut ... aux jeunes enfants de fumer et de boire de l'alcool.
Les parents affectueux recherchent le ... de leurs enfants.
Elle ne supporte pas les émotions, elle est très ...
Ne vous disputez pas avec vos voisins, faites un effort pour vous ...

E	N									
	E	N								
		E	N							
			E	N						
				E	N					
					E	N				
						E	N			
					E	N				
				E	N					
			E	N						
		E	N							
	E	N								
E	N									

2.7 Phrases lacunaires

Traduisez les mots de la liste suivante et trouvez leur place dans le texte: ausgehen / böse sein / erlauben / leiden / sich kümmern / sich verlassen/ sich verlieben / verbieten (2 x) / versprechen / wagen.
Ajoutez, si c'est nécessaire, une des prépositions suivantes: à / de / avec / contre / sur.

– Salut Jean-Claude. Dis, c'est vrai que tu es ____________________ ________ Nicole?

– Oui, je l'aime beaucoup, c'est vrai. Pourquoi?

– Eh bien, on pourrait ____________________ ensemble ce soir. Moi et mon amie Michelle, nous voulons aller à la discothèque.

– Impossible, j'ai eu de très mauvaises notes à l'école et mes parents m'ont ____________________ quitter la maison.

– Mais c'est samedi aujourd'hui! Ils ne peuvent pas te ____________________ voir ta petite amie!

– C'est vrai, mais je n'____________ pas désobéir ________ mes parents. Je tiens beaucoup ________ la paix dans la famille.

– Ecoute, tu sais que tu peux ____________________ moi. On va trouver une solution.

– Tu veux que je parle ________ tes parents? Je vois bien que tu ________ ____________________ leur décision.

– C'est gentil Marc, mais ils ne vont pas me ____________________ aller en boîte.

– Attends, je vais m'____________________ tout cela. On va leur parler. Tu vas leur ____________________ travailler sérieusement au lycée.

– D'accord, mais pour ce soir, c'est trop tard. Nicole va être déçue. J'espère qu'elle ne sera pas trop ____________________ moi.

2.8 La vie de famille, les amis: les bons côtés et les problèmes

Trouvez les voyelles qui manquent et mettez chaque mot dans le groupe auquel il appartient.

__ff__ct__ __n	b__ __n-__tr__
pr__t__ct__ __n	d__c__pt__ __n
c__nfl__t	__m__t__ __
ch__l__ __r	r__pr__ch__
s__ __ffr__r	r__f__g__
__m__ __r	d__sp__t__
__nd__ff__r__nc__	m__lh__ __r__ __x
pl__ __r__r	s__c__r__t__

Les bons côtés:	Les mauvais côtés:
______	______
______	______
______	______
______	______
______	______
______	______
______	______
______	______

2.9 Phrases coupées

Les phrases ont été coupées et mélangées. A vous de les remettre à leur place.

Elle a pris la décision ...	... de ne pas comprendre ses problèmes.
Je suis en colère ...	... pour ne pas décevoir ses parents.
Ils se sont donnés rendez-vous ...	... avant de se marier.
Il faut bien réfléchir ...	... de partir seule en vacances.
Je vous demande pardon ...	... d'une grosse déception amoureuse.
Il a consolé sa sœur ...	... de vous déranger.
Il reproche à ses parents ...	... dans le jardin public.
En ce qui concerne son argent de poche ...	... qui était très triste.
Il fait beaucoup d'efforts ...	... contre le professeur de maths qui m'a puni.
Elle souffre beaucoup ...	... il n'en a jamais assez.

Problèmes sociaux

Abdi dans sa chambre, dans un foyer pour immigrés où il vit depuis quinze ans.

1 Champ sémantique

1.1 Vocabulaire

l'(in)justice (f.)	(Un)Gerechtigkeit
l'(in)tolérance (f.)	(In)Toleranz
abandonner	verlassen, im Stich lassen
accepter	annehmen, akzeptieren
agresser	angreifen
l'agression (f.)	Agression, Angriff
l'aide (f.)	Hilfe
aider	helfen
attirer	anziehen
augmenter	zunehmen, steigern
baisser	fallen, senken
bas, -se	niedrig
le besoin	Bedürfnis
la carrière	Laufbahn
la chance	Glück, Chance
le chômage	Arbeitslosigkeit
chômeur, -euse	Arbeitslose, -r
clandestin, -e	illegal
la condition	Bedingung, Umstand, Voraussetzung
les coutumes (f. pl.)	Sitten, Bräuche
craindre	befürchten
la criminalité	Kriminalität
la crise	Krise
désespéré, -e	verzweifelt
le désespoir	Hoffnungslosigkeit, Verzweiflung
détester	hassen, verabscheuen
la difficulté	Schwierigkeit
diminuer	abnehmen, verringern
l'économie (f.)	Wirtschaft
embaucher	einstellen
émigrer	auswandern
l'emploi (m.)	(Arbeits)Stelle
l'employé, -e (m./f.)	Angestellte- r
l'employeur, -euse (m./f.)	Arbeitgeber, -in

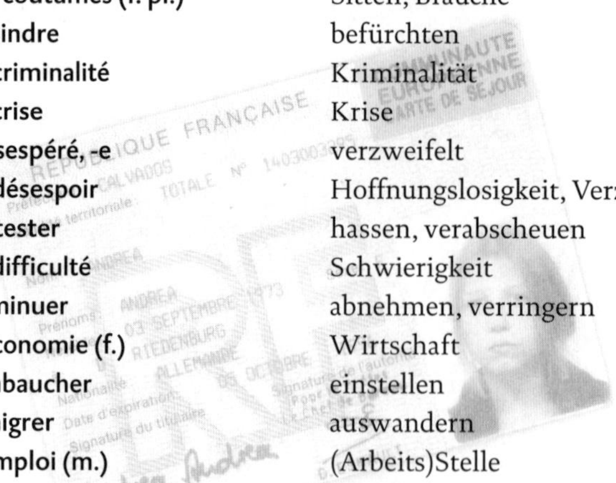

éprouver	empfinden
espérer	hoffen
l'espoir (m.)	Hoffnung
essayer	versuchen, probieren
l'étranger, -ère (m./f.)	Ausländer, -in
exclu, -e	ausgeschlossen
exclure	ausschließen
la formation	Ausbildung
l'habitude (f.)	Gewohnheit
la haine	Hass
haut, -e	hoch
hostile	feindlich
ignorant, -e	unwissend
l'immigré, -e (m./f.)	Einwanderer, Einwanderin
la langue	Sprache
le licenciement	Entlassung
licencier	entlassen
le logement	Wohnung, Unterkunft
lutter	kämpfen
la méfiance	Misstrauen
méfiant, -e	misstrauisch
la menace	Bedrohung
menacer	bedrohen
la misère	Elend, Armut
misérable	schlecht, elend
monter	(ein)steigen
la nationalité	Staatsangehörigkeit
nourrir	ernähren
l'offre (f.)	Angebot
l'ouvrier, -ière (m./f.)	Arbeiter, -in
les papiers (m. pl.)	Ausweispapiere
le patron	Chef, Arbeitgeber
la pauvreté	Armut
la peau	Haut
perdre	verlieren
le permis de séjour	Aufenthaltserlaubnis
la perte	Verlust
les petites annonces (f. pl.)	Anzeigen
la peur	Angst

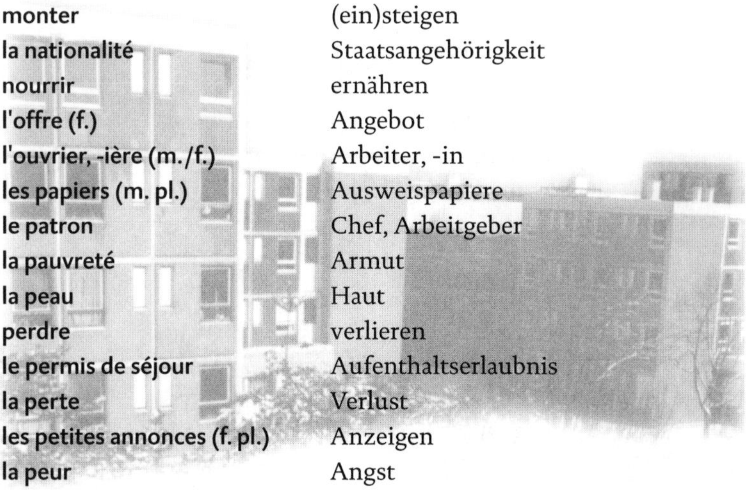

la place	Stelle, Arbeitsstelle
le plein emploi	Vollbeschäftigung
la possibilité	Möglichkeit
le préjugé	Vorurteil
professionnel, -le	beruflich
la qualification	Qualifikation
quitter	verlassen
le racisme	Rassismus
le/la raciste	Rassist, rassistisch
le refus	Ablehnung
refuser	ablehnen, sich weigern
rejeter	ablehnen, zurückweisen
renvoyer	zurückschicken
reprocher qc à qn	jmdm. etwas vorwerfen
résoudre	lösen
ressentir	empfinden, fühlen
réussir	gelingen
la réussite	Erfolg
risquer	riskieren
la richesse	Reichtum
s'intégrer	sich integrieren
le salaire	Lohn, Gehalt
le sans-abri	Obdachloser
se sentir	sich fühlen
le sentiment	Gefühl
social, -e	sozial
la société	Gesellschaft
la solitude	Einsamkeit
la solution	Lösung
le souci	Sorge
souffrir de qc	unter etwas leiden
strict, -e	streng
terrible	schrecklich
tolérer	dulden
le travail	Arbeit
l'usine (f.)	Fabrik
la violence	Gewalt
la volonté	Wille
voler	stehlen

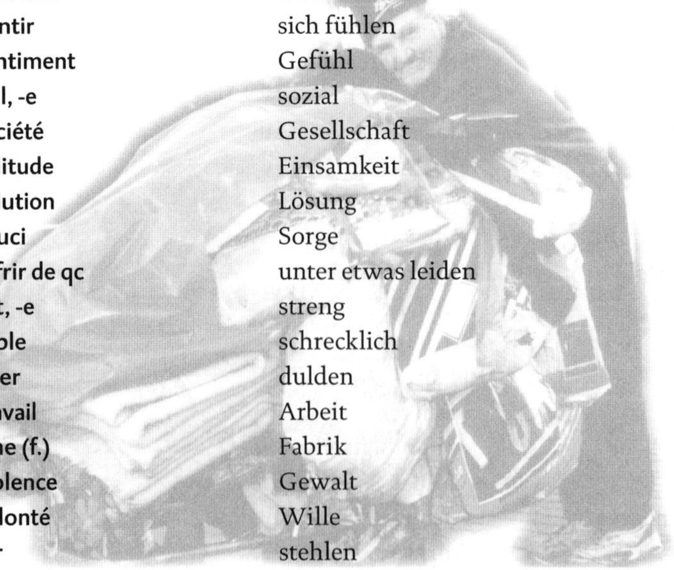

1.2 Idiomes et locutions

travailler à temps partiel / à temps complet	Les mères qui ont de très jeunes enfants choisissent parfois de travailler à temps partiel.	Teilzeit arbeiten / vollbeschäftigt sein
la société de consommation	La société de consommation des pays riches attire les immigrés.	Konsumgesellschaft
mourir de faim / mourir de froid	En hiver, il y a des sans-abri qui meurent de froid dans la rue.	vor Hunger sterben / erfrieren
gagner sa vie	Pour pouvoir gagner sa vie et celle de sa famille, il faut avoir du travail.	seinen Lebensunterhalt verdienen
se faire du souci	Quand les usines licencient, les employés se font du souci.	sich Sorgen machen
prendre des mesures (f. pl.)	L'Etat français a pris des mesures pour lutter contre le chômage.	Maßnahmen ergreifen
avoir de la chance / avoir la chance de faire qc	Après ses examens, il a eu la chance de trouver tout de suite du travail.	Glück haben / das Glück haben
être dans le besoin	Des associations essaient d'aider les gens qui sont dans le besoin.	in Not sein
poser des problèmes	La langue, le travail, le logement, le racisme posent des problèmes aux immigrés.	Probleme machen / darstellen

venir en aide à	On a ouvert des «restaurants du cœur» pour venir en aide aux gens qui n'ont pas d'argent pour manger.	zu Hilfe kommen, helfen
à la recherche de	Après leurs études, beaucoup de jeunes sont à la recherche d'un travail.	auf der Suche nach
C.D.I. contrat (m.) à durée indéterminée	Après une période d'essai (Probezeit) de quelques mois, les employeurs proposent parfois un C.D.I. à leurs employés.	unbefristeter Arbeitsvertrag
C.D.D. contrat à durée déterminée		befristeter Arbeitsvertrag
à l'égard de	Beaucoup de gens se montrent peu tolérants à l'égard des immigrés et de leurs problèmes.	gegenüber, hinsichtlich

2 Exercices

2.1 Quel verbe va avec quel substantif?

Trouvez le mot ou l'expression qui va avec chacun des verbes suivants.

venir	un ouvrier
résoudre	un problème
gagner	des mesures
prendre	en Amérique
mourir	en aide à qn
se faire	contre l'injustice
émigrer	sa vie
lutter	à temps partiel
se sentir	du souci
s'intégrer	de faim
embaucher	dans la société
travailler	seul

2.2 Phrases coupées

Les phrases ont été coupées et mélangées. A vous de les remettre à leur place.

Il se fait du souci ...	... à la recherche d'un travail.
Les immigrés clandestins ...	... conduisent au racisme et à la violence.
Les employeurs recherchent ...	... d'intégrer les immigrés dans leur société.
Les demandeurs d'emploi sont ...	... dans l'espoir de vivre mieux dans un pays étranger.
Beaucoup d'immigrés se sentent ...	... des ouvriers qualifiés.
Il travaille dur ...	... les immigrés risquent d'être renvoyés dans leur pays.
Les racistes refusent ...	... n'ont pas de permis de séjour.
Les immigrés quittent leur pays ...	... parce qu'il ne trouve pas de travail.
Les préjugés, l'intolérance et la haine ...	... pour gagner sa vie et nourrir sa famille.
Sans papiers et sans permis de travail ...	... seuls et abandonnés.

2.3 Lettres en désordre

Remettez les lettres entre parenthèses dans l'ordre.

Il s'est présenté pour la place, mais le patron ne l'a pas (BECHAUME) ________________________.

Les sans-abri n'ont pas de (TOMEGLEN) ____________________.

Le chômage pose un vrai (BLOMPERE) ____________________.

Si tu cherches du travail, lis les (SITEPET CONNASEN) ______________________________ dans le journal.

Loin de leur famille, les immigrés souffrent de (DOLUTISE) ______________.

Les racistes sont (SITHESOL) ____________________ envers les immigrés.

Il a eu de la (NACCEH) ______________, il a trouvé un travail intéressant.

Beaucoup d'immigrés ne trouvent pas de (NITOULOS) ______________ à leurs problèmes.

Les immigrés doivent (NANODABERN) ____________________ leur pays pour partir à l'étranger.

2.4 Grille en escalier

Remplissez la grille avec les mots qui conviennent.

Le contraire de «pauvreté».
Dans les grandes villes, celle des jeunes augmente et pose un grand problème à la police.
Un synonyme de «sévère».
Il travaille dans une usine.
Un verbe qui signifie: donner à manger.
En allemand: schrecklich, furchtbar.
Celui qui est obligé de dormir dans la rue n'en a pas.
Quand elle est économique elle conduit au chômage.
Un verbe qui signifie «courir un danger» ou «oser» faire quelque chose de dangereux.

R	I									
	R	I								
		R	I							
			R	I						
				R	I					
			R	I						
		R	I							
	R	I								
R	I									

2.5 Les mots de la même famille

Complétez les phrases avec les mots de la même famille que les mots et expressions soulignés.

Beaucoup de gens âgés vivent seuls. La ______________________ est un problème de notre société.

Il n'espère plus rien. Il a perdu tout ______________________.

Je suis sûr que tu réussiras. Ce sera même une belle ______________________.

Non, c'est impossible, je ne vois aucune ______________________.

La capitale a beaucoup à offrir, mais les ______________________ d'emploi ne suffisent pas.

Certains jeunes sont agressifs parce qu'ils ont été eux-mêmes victimes d'une ______________________.

L'Etat garantit la tolérance religieuse. Il demande de ______________________ toute religion.

Les gens se méfient de ce qu'ils ne connaissent pas. Cette ______________________ mène au racisme.

Il va être licencié. Son ______________________ va poser un problème à sa famille.

Il ne faut pas perdre courage après la ______________________ de son emploi.

2.6 Antonymes

Complétez les phrases et trouvez le contraire du mot ou de l'expression souligné.

Les différences sociales sont grandes. Certains vivent dans la richesse et d'autres dans ______________________________.

Vous avez le choix. Vous pouvez accepter ou __________________________ de faire ce travail.

Cette usine va licencier du personnel, mais on va pouvoir ____________________ les ouvriers ailleurs.

La criminalité augmente dans les villes mais le chômage commence à __________ ______________________.

Cet immigré a un permis de séjour, mais celui-là est un immigré ______________ _______________.

Il aime beaucoup son travail, mais il ___________________________ son patron.

Au lieu d'exclure les étrangers, il vaut mieux essayer de les __________________ dans la société.

Au début il était hostile, mais maintenant il est plutôt _____________________ envers les immigrés.

Tout son amour s'est transformé en ________________________.

Dans l'échelle de la société, il était tout en bas et maintenant il est arrivé tout _________________________.

2.7 Le mot en trop

Il y a dans chaque liste un mot qui ne concerne pas les autres. Lequel et pourquoi?

criminalité – violence – agression – racisme.

emploi – travail – patron – place.

refuser – ressentir – rejeter – exclure.

menace – misère – pauvreté – besoin.

menacer – agresser – attirer – lutter.

intolérance – méfiance – haine – justice.

abandonner – essayer – quitter – partir.

condition – formation – profession – qualification.

réussite – solution – chance – crise.

problème – ignorance – souci – difficulté.

2.8 Le mot caché

Celle des adolescents vient souvent de l'ennui et du manque d'activités.

Il refuse d'intégrer dans sa société les gens de race différente de la sienne.
Synonyme de grande pauvreté.
Quitter son pays pour aller vivre à l'étranger.
Quand on en a un, on n'est pas chômeur.
Un sentiment désagréable que ressentent les personnes trop seules.
Il vient d'un autre pays.
Un sentiment qui pousse à la violence. Le contraire de l'amour.
Il faut en trouver une à nos problèmes.
Les immigrés qui n'en ont pas risquent d'être renvoyés dans leur pays.
Les habitudes, la façon de vivre d'un peuple, d'une société.
Un synonyme du verbe «attaquer».

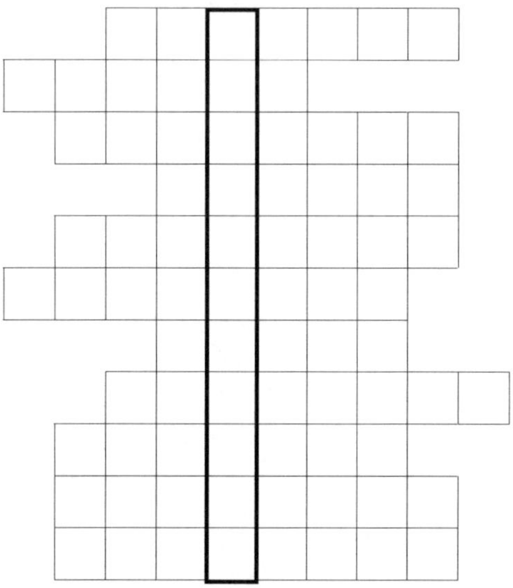

2.9 Phrases lacunaires

Complétez les phrases à l'aide de la liste suivante. Accordez les mots si c'est nécessaire: aide / attirer / condition / employeur / langue / peau / permis de séjour / préjugé / qualification / société / volonté.

Quand les immigrés arrivent dans le pays où ils ont décidé de vivre, ils ont beaucoup de problèmes. Souvent, ils ne parlent pas ______________________ du pays. Ensuite pour pouvoir rester, il leur faut ______________________ ________. Ils sont ______________________ par notre société de consommation et par les ______________________ de vie qui sont meilleures que chez eux. Pour leur venir en ______________________, on leur cherche un logement et du travail. Souvent les ______________________ ne veulent pas les embaucher, parce qu'ils n'ont pas de ______________________ professionnelle. L'ignorance et l'intolérance sont la cause des ______________________ que certaines personnes ont contre les immigrés. Ils sont rejetés à cause de la couleur de leur ____________. Pourtant avec beaucoup de ______________, ils arrivent à trouver leur place dans ______________________.

Sciences et techniques

Oui maman, j'ai bien posté la lettre comme tu l'as dit.

1 Champ sémantique

1.1 Vocabulaire

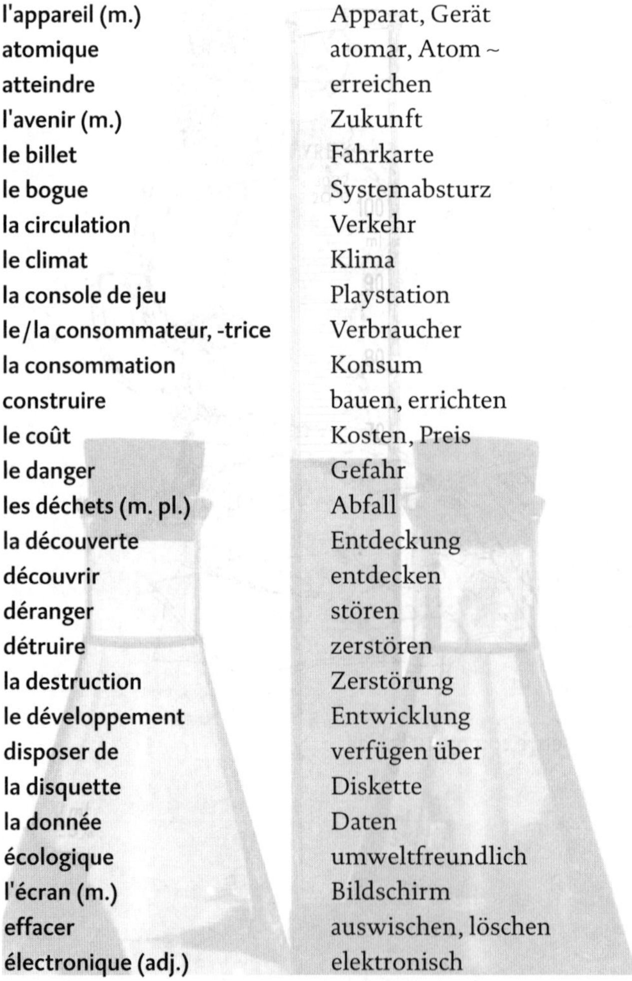

(in)utile	(un)nötig
l'abonnement (m.)	Grundgebühren
accéder à	Zugang haben zu
l'accès (m.)	Zugang
l'air (m.)	Luft
allumer	einschalten
l'appareil (m.)	Apparat, Gerät
atomique	atomar, Atom ~
atteindre	erreichen
l'avenir (m.)	Zukunft
le billet	Fahrkarte
le bogue	Systemabsturz
la circulation	Verkehr
le climat	Klima
la console de jeu	Playstation
le/la consommateur, -trice	Verbraucher
la consommation	Konsum
construire	bauen, errichten
le coût	Kosten, Preis
le danger	Gefahr
les déchets (m. pl.)	Abfall
la découverte	Entdeckung
découvrir	entdecken
déranger	stören
détruire	zerstören
la destruction	Zerstörung
le développement	Entwicklung
disposer de	verfügen über
la disquette	Diskette
la donnée	Daten
écologique	umweltfreundlich
l'écran (m.)	Bildschirm
effacer	auswischen, löschen
électronique (adj.)	elektronisch

en ligne	online
enregistrer	aufnehmen
l'environnement (m.)	Umwelt
envoyer	senden
éteindre	abschalten
le fichier	Daten
la fumée	Rauch
le futur	Zukunft
gaspiller	verschwenden
le gaz (m.)	Gas
l'imprimante (f.)	Drucker
(in)capable de	(un)fähig zu
l'industrie (f.)	Industrie
l'internaute (m./f.)	Internetbenützer, -in
inventer	erfinden
l'invention (f.)	Erfindung
le laboratoire	Labor
lent, -e	langsam
le logiciel	Software, Programm
loin	weit
la marée noire	Ölpest
la mémoire	Speicher
la nature	Natur
nettoyer	putzen
nucléaire	nuklear, Kern ~, Atom ~
l'ordinateur (m.)	Computer
les ordures (f. pl.)	Abfall
polluer	verschmutzen
la pollution	Verschmutzung
préserver	schützen
proche (adj.)	nahe
le programme	Programm
le projet	Projekt
propre	sauber
la protection	Schutz
protéger	schützen
puissant, -e	mächtig, stark, leistungsfähig
pur, -e	rein, sauber
rapide	schnell

le rayon	Strahl
réaliser	verwirklichen, durchführen
la recherche	Forschung
(re)chercher	(ver)suchen, erforschen
relier	verbinden
remplacer	ersetzen
rendre service	helfen, nützlich sein
le renseignement	Auskunft
renseigner	Auskunft geben
le réseau	Netz
respecter	beachten, respektieren
le risque	Risiko
la rivière	Fluss
s'intéresser à qc	sich für etwas interessieren
sale	schmutzig
salir	verschmutzen
le/la savant, -e	Gelehrte, -r; Wissenschaftler, -in
la science	Wissenschaft
scientifique	wissenschaftlich
se développer	sich entwickeln
se passer de	entbehren, ohne etwas auskommen
se rendre	gehen, sich begeben
le site	Homepage
le sol	Boden
la souris	Maus
le T.G.V. (train à grande vitesse)	Schnellzug
taper	tippen
le/la technicien, -ne	Techniker, -in
la technique	Technik
le téléphone mobile	tragbares Telefon, Handy
la terre	Erde
la touche	Taste
toxique	giftig
traverser	durchqueren
l'usine (f.)	Firma, Fabrik
utiliser	benutzen
le virus	Virus
la vitesse	Gechwindigkeit

1.2 Idiomes et locutions

il suffit de	Il suffit de se brancher sur Internet pour pouvoir communiquer avec le monde entier.	man braucht nur, es genügt zu
mettre en marche	Pour mettre l'appareil en marche, appuyer sur la touche «on».	einschalten, in Gang setzen
porter sur soi	Le téléphone portable est un téléphone que l'on porte sur soi.	bei sich tragen
à cause de	Beaucoup de rivières sont polluées à cause des déchets industriels.	auf Grund von, wegen
prendre des mesures	Il faudra bientôt prendre des mesures pour lutter contre le gaspillage de l'eau.	Maßnahmen ergreifen
rouler à la vitesse de	Il est interdit de rouler à plus de 130 km à l'heure sur les autoroutes françaises.	mit einer Geschwindigkeit von ... fahren
n'importe où	Vous pouvez aller n'importe où, c'est partout la même chose.	irgendwo, an einem x-beliebigen Ort

2 Exercices

2.1 Définitions

Trouvez le mot qui correspond aux définitions.

Il est pollué par la fumée et les gaz toxiques: ______________________.

Elle sert à enregistrer les données de l'ordinateur: ______________________.

Il surfe sur Internet: ______________________.

Une grosse pollution de la mer ou de l'océan: ______________________.

En ville ou sur l'autoroute, elle pose des problèmes parce qu'il y a trop de voitures: ______________________.

Un petit animal ou un petit appareil pour travailler avec l'ordinateur: ______________________.

Ceux du soleil peuvent être dangereux: ______________________.

Ce qu'il faut faire quand on a fini de travailler avec un appareil: ______________________.

Celle de l'Amérique a été faite il y a plus de 500 ans: ______________________.

2.2 Phrases lacunaires

Complétez les phrases à l'aide de la liste suivante: Entdeckung / erreichen / fähig / Fahrkarte / giftig / Homepage / senden / sich erkundigen / tragbares Telefon / verschwenden.

L'ordinateur est ______________ de faire des millions d'opérations en peu de temps.

Vous pouvez ______________ un e-mail avec votre ordinateur.

Il faut apprendre aux enfants à ne pas ______________ l'eau.

Le T.G.V. peut ______________ une très grande vitesse.

Quand on prend le train, il faut ______________ sur les heures de départ et d'arrivée.

Certains gaz industriels sont ____________________.

Il est défendu de voyager sans ____________________.

Aujourd'hui, vous pouvez téléphoner de partout grâce au ____________________
____________________.

La ____________________ d'un médicament peut sauver beaucoup de vies.

Pour être mieux connues, beaucoup d'entreprises ont un ________________ sur Internet.

2.3 Synonymes

Remplacez les mots entre parenthèses par un mot ou une expression synonyme.

(Au futur), ____________________ il faudra trouver d'autres sources d'énergie.

Pour surfer sur Internet, il est (nécessaire) ____________________ d'avoir un ordinateur.

Il faut apprendre à (se servir d') ____________________ un ordinateur.

Les écologistes veulent (préserver) ____________________ la nature.

Souvent les plages sont (malpropres) ____________________ à cause des touristes qui laissent des déchets.

Le T.G.V. roule très (vite), c'est un train très ____________________.

Par le train, on peut (aller) ____________________ de Paris à Lyon en moins de deux heures.

(Le coût) ____________________ des expériences nucléaires est très haut.

Il faut empêcher certaines industries de (salir) ____________________ l'environnement.

Ne laissez pas vos (ordures) ____________________ n'importe où, utilisez les poubelles.

2.4 Le mot caché

Pour trouver le nom de quelque chose qui vous permet d'entrer en contact avec le monde entier, notez la première lettre de chaque mot correspondant aux définitions.

Un appareil relié à l'ordinateur pour imprimer un texte: _ _ _ _ _ - _ _ _ _ _.

Il faut la protéger de la pollution: _ _ _ _ _ _ _.

Un moyen de transport rapide, sûr, qui devrait remplacer plus souvent la voiture: _ _ _ _ _.

Le nôtre est menacé par les pollueurs: _ _ _ _ _ _ _ _ _ _ _ _ _ _ _ _ _ _.

Son eau douce est utile à la nature, on peut s'y baigner ou y pêcher du poisson: _ _ _ _ _ _ _ _ _ _.

Rendre plus propre, enlever la saleté: _ _ _ _ _ _ _ _ _ _ _ _.

Faire disparaître, enlever une donnée sur l'écran de l'ordinateur: _ _ _ _ - _ _ _ _.

Le nom de notre planète: _ _ _ _ _ _ _.

Le mot caché est: ______________________________.

2.5 Charade

La première syllabe de chaque mot va vous aider à trouver un mot caché (Les scientifiques y font leurs expériences).

Article défini: __________.

Une catastrophe quand il se passe dans votre ordinateur: ______________.

Le contraire de lent: ______________.

Travaillons tous les deux, ______________ et moi.

Une découverte est souvent le résultat d'une longue ______________.

Le mot caché est: ______________________.

2.6 Un autre mot caché

Pour trouver le nom de quelque chose qui est très menacé par la pollution, trouvez le mot correspondant aux définitions suivantes.

Elle se fait en laboratoire, elle peut mener à une découverte.
Il a remplacé la machine à écrire.
Il provoque des maladies et des pannes d'ordinateurs.
Le contraire du verbe économiser.
On le regarde à la télé, au cinéma et devant l'ordinateur.
On tape dessus pour travailler avec un ordinateur.
Un synonyme pour le «futur».
Un adjectif pour qualifier quelque chose qui ne sert à rien.
Elle est limitée à 50 km à l'heure dans les villes et à 130 sur les autoroutes françaises.
Celui de l'Afrique est plus chaud que le nôtre.
Elle sort de la cheminée de l'usine, elle pollue l'air.
Répondre à une question, donner une explication.
Celui à grande vitesse permet de voyager rapidement.

2.7 Le mot en trop

Il y a dans chaque liste un mot qui ne concerne pas les autres. Lequel et pourquoi?

train – billet – écran – gare.

pollution – découverte – fumée – gaz.

futur – fichier – disquette – imprimante.

préserver – protéger – respecter – gaspiller.

souris – touche – sol – site.

recherche – usine – laboratoire – sciences.

effacer – enregistrer – surfer – déranger.

traverser – rechercher – inventer – découvrir.

salir – polluer – réaliser – détruire.

propre – loin – pur – nettoyé.

2.8 Phrases coupées

Les phrases ont été coupées et mélangées. A vous de les remettre à leur place.

Les voyageurs se rendent à la gare ...	... après un bogue de son ordinateur.
Le téléphone portable ...	... est dérangé par la pollution.
Les savants font des recherches ...	... est un devoir pour tout le monde.
Le virus est un danger pour l'homme ...	... intéressent beaucoup les jeunes enfants.
La protection de la nature ...	... mais aussi pour l'ordinateur.
Les gaz des voitures et des usines ...	... permettent de faire des découvertes intéressantes.
Les sciences et la technique d'aujourd'hui ...	... polluent l'air.
Les jeux électroniques ...	... pour prendre le T.G.V.
L'informaticien a perdu tout son fichier ...	... pour trouver le moyen de lutter contre la maladie.
Le climat de notre planète ...	... remplace les cabines téléphoniques.

2.9 Définitions

Choisissez dans la liste des adjectifs ceux qui vont avec les définitions ou les mots suivants. Accordez-les si c'est nécessaire: atomique / écologique / lent / loin / puissant / pur / rapide / sale / scientifique / toxique / utile.

un appareil dont on se sert souvent: ____________________

une bombe: ____________________

la circulation quand il y a des embouteillages: ____________________

les déchets: ____________________

une eau qu'on peut boire: ____________________

les gaz des usines et des voitures: ____________________

le moteur des voitures d'aujourd'hui: ____________________

la protection de la nature: ____________________

la recherche: ____________________

un très long chemin pour aller quelque part: ____________________

le T.G.V.: ____________________

Solutions

Et voilà, pour éclairer votre lanterne …

Paris – Capitale de la France

2.1 Connaissez-vous bien Paris?

la place de l'Etoile / l'île de la Cité / le Quartier latin / la tour Eiffel / l'Arc de Triomphe / les Champs Elysées / Notre Dame / le centre Pompidou / le Sacré-Cœur / le métro / le Louvre / la Seine.

2.2 Synonymes

admirable / Aux heures de pointe / Parisiens / piétons / bouquinistes / boulevards / circuler *ou* conduire / coûtent chers *ou* sont chers / capitale / la vue / typique / immeubles.

2.3 Antonymes

vieux / bruyant / près / ont du mal à / vide / larges / prendre son temps / célèbre / descendent du / rapide.

2.4 Le mot caché

A	R	R	O	N	D	I	S	S	E	M	E	N	T			
					E	S	C	A	L	I	E	R				
							L	O	Y	E	R					
				T	O	U	R	I	S	T	E					
									E	T	U	D	I	A	N	T
					G	U	I	D	E							

2.5 Phrases lacunaires

dans l'est / Parmi / au milieu de / au-dessous de / autour de / à l'ouest de / à côté / en face de / au sud / dans le sud / sous / entre.

2.6 Le mot en trop

Quartier latin (n'est pas un monument) / le piéton (n'est pas un moyen de transport public) / bouquiniste (pas de rapport avec les études) / s'allumer (n'est pas une manière de se déplacer) / monument (n'est pas une partie de la ville) / un grand magasin (pas de rapport avec la culture) / une autoroute (n'est pas une rue dans la ville) / un pilote (n'est pas un Parisien typique) / Sorbonne (n'est pas une église) / Munich (n'est pas une capitale).

2.7 Lettres en désordre

transport public / bouquinistes / immeubles / curiosité / embouteillages / capitale / guide / tour Montparnasse / piéton / souterrain / siècle / Quartier / souvenirs.

2.8 Scrabble

célèbre
culturel
merveilleux
typique
ancien
etc.

bruyant
historique
splendide
vieux
cher

2.9 Pour rire un peu

Notre-Dame / l'Opéra / la tour Eiffel.

L'école et la vie professionnelle

2.1 Le mot caché

					C	O	R	**R**	E	S	P	O	N	D	A	N	T
					L	Y	C	**E**	E	N							
								C	V								
B	A	C	C	A	L	A	U	**R**	E	A	T						
			R	E	N	T	R	**E**	E								
			J	U	M	E	L	**A**	G	E							
							S	**T**	A	G	E						
				I	N	S	T	**I**	T	U	T	E	U	R			
						P	R	**O**	F	E	S	S	E	U	R		
			A	P	P	R	E	**N**	T	I							

2.2 Comment est-ce qu'ils se sentent aujourd'hui?

paresseux / stressé / obéissant / indulgent / sérieux / courageux.

2.3 Synonymes

a réussi / exerce / une profession / dur / prendre part / rendre visite à / une récréation / fait des études de médecine / le cours.

2.4 Antonymes

sévères / paresseux / difficiles *ou* dures / redoubler / rater / méchante / mauvais / meilleure / sont en vacances / école libre *ou* école privée.

2.5 L'expression qui convient

Il a au moins la moyenne de 10 sur 20 dans ses notes.
Il fait ce qu'on lui demande.
Il fait un stage dans une entreprise.

Les villes se découvrent avec intérêt et s'entendent sur beaucoup de choses.
Il manque les cours, sans raison.
Il rencontre pour la première fois un ami étranger à qui il écrit régulièrement.

2.6 A chaque verbe son substantif

accueil / apprentissage / choix / éducation / interrogation / invitation / punition / rencontre / traduction / visite.

2.7 Phrases lacunaires

Les professeurs: corrigent / punissent / enseignent / interrogent / donnent.
Les élèves: redoublent / obéissent / passent / font / passent.

2.8 Pour rire un peu

institutrice / puni / devoirs.

2.9 Grille en escalier

R	E	V	I	S	E	R			
P	R	E	S	E	N	T	E	R	
D	I	R	E	C	T	E	U	R	
R	E	C	R	E	A	T	I	O	N
S	E	V	E	R	E				
M	A	T	I	E	R	E			
R	E	N	D	R	E				
A	P	P	R	E	N	D	R	E	
E	T	R	E						
P	R	E	N	D	R	E			
R	E	N	T	R	E	E			

Loisirs – Sports – Vacances

2.1 Définitions

auberge de jeunesse / la natation / le patin / les vacances / la tente / la planche à voile / s'entraîner / un tournoi / les sports d'hiver / la plage.

2.2 Le mot en trop

la bicyclette (ne sert pas au camping) / la lecture (n'est pas un sport) / la natation (ne se fait pas avec un ballon) / un téléspectateur (n'est pas un sportif) / les devoirs (ne sont pas un loisir).

2.3 Où est-ce que Michel passe ses vacances?

ballon / caravane / stade / plage / camping-car / télévision.
Michel passe ses vacances en Bretagne.

2.4 L'expression qui manque

Nice: au bord de la mer / la campagne: calme / les vacances: reposantes / les adultes: hôtel / à la mer: nager *ou* faire de la planche à voile / les cartes: un jeu / se distraire: la distraction / 20 km à pied: une randonnée.

2.5 Antonymes

loisirs / sortir / rire / malsain / se fatiguer / dangereux / perdants / le bruit / ennuyeux.

2.6 Quelle est la préposition qu'il faut?

partir en vacances / aller à la montagne / faire du ski / faire de la planche à voile / jouer en équipe / dormir sous la tente / acheter des patins à roulettes / dormir dans une auberge de jeunesse / aimer jouer en plein air / partir en voiture / jouer au tennis / jouer de la guitare / sortir en boîte / faire du vélo / faire du sport / passer ses vacances au bord de la mer.

2.7 De quoi rêvent-ils?

faire de la plongée sous-marine / faire du cheval / bricoler / faire de la planche à voile / faire de l'alpinisme / faire de l'auto-stop.

2.8 Lettres en désordre

tricher / perdre / sportif / reposante / championne/ surfer / ballon / ennuyeuse / prendre un pot.

2.9 Le mot caché

				P	E	R	D	R	E		
							I				
					P	I	S	C	I	N	E
						E	C	R	A	N	
	C	H	A	M	P	I	O	N			
B	I	C	Y	C	L	E	T	T	E		
			M	A	T	C	H				
							E				
			V	A	I	N	Q	U	E	U	R
			L	E	C	T	U	R	E		
							E				

La vie quotidienne

2.1 Antonymes

vendre / dépenser / fermeture / une grande surface / guérir / ouverte / bon marché.

2.2 Synonymes

courses / docteur / pleuvoir / faim / soif / clients / coûteux / hors-d'œuvre.

2.3 Le menu en désordre

Restaurant La Bourride

Nos entrées:	salade de tomates
	terrine du chef
	hors-d'œuvres variés
	soupe de poisson
nos plats principaux:	steak frites
	côtelette de veau
	légumes de saison
	rôti de bœuf
nos desserts:	glace à la vanille
	gâteau aux fraises
	mousse au chocolat
	tarte aux pommes
nos boissons:	vin rouge
	eau minérale
	café
	jus de fruit.

2.4 Phrases lacunaires

pleuvoir / payer / ausculter / mettre / rendre / gagner / neiger / guérir / faire la queue / légumes / ciel / changer de l'argent.

2.5 Lettres en désordre

fourchette / publicité / salée / occasion / cuillère / malade / pied / chauffeur / froid / station.

2.6 Au restaurant

repas / garçon / l'addition / garçon / client.

2.7 Le mot en trop

le nuage (n'est pas une saison) / un embouteillage (ne se met pas sur la table) / un achat (pas de rapport avec l'argent) / une banque (n'est pas un magasin) / un couteau (n'est pas un plat) / une voiture (n'est pas un moyen de transport public) / une recette (pas de rapport avec la maladie) / les légumes (ne sont pas une boisson).

2.8 Roues tournantes

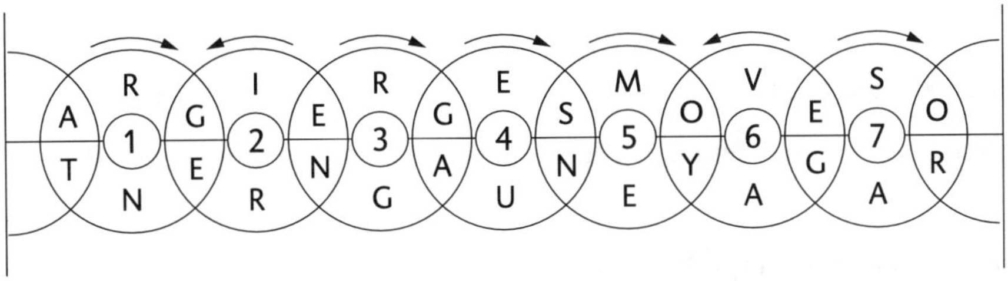

argent / neiger / gagner / nuages / moyens / voyage / orages.

2.9 Chez le médecin

médecin *ou* docteur / ausculté / ordonnance / comprimé / repas / grave / médicaments / comprimés.

Les jeunes et la culture

2.1 Quel verbe va avec quel substantif?

tourner	un film
sculpter	une sculpture
publier	un livre
peindre	un tableau
se maquiller	le visage
danser	un tango
applaudir	une vedette
enregistrer	un disque
chanter	une chanson
sortir	en boîte
assister	à un spectacle
composer	un opéra
visiter	un musée
porter	un vêtement

2.2 Phrases lacunaires

couturier / auditeurs / publicité / horreur épouvante / actualités / tableaux / pièce / le trac / mannequins / vedette / baladeur / bande dessinée.

2.3 Antonymes

déteste / élégante / démodé / célèbre / plaire / sortir / au courant / préférée.

2.4 L'expression qui manque

tourner / acteur / peintre / écouter / composer / théâtre / émission / compositeur *ou* musicien / bal / guide.

2.5 Le mot caché

				P	O	L	I	C	I	E	R
	E	C	O	U	T	E	U	R			
				B	A	N	D	E			
		G	A	L	E	R	I	E			
D	E	S	S	I	N						
			E	C	R	A	N				
			F	I	L	M					
S	P	E	C	T	A	T	E	U	R		
			M	E	D	I	A				

2.6 Définitions

une exposition / un dessin animé / la couleur / une chaîne Hi-Fi / une émission / le metteur en scène / un groupe / le public / l'atelier / l'art.

2.7 Le mot en trop

chanteur (n'est pas le public) / scène (n'est pas un spectacle) / beauté (pas de rapport avec les vêtements) / sculpture (pas de rapport avec la musique) / visiter (pas de rapport avec aimer un spectacle) / baladeur (n'est pas un artiste) / culturel (pas de rapport avec la popularité) / présenter (pas de rapport avec une visite culturelle) / discothèque (n'offre pas de spectacle) / spectacle (n'est pas quelque chose qu'on lit).

2.8 Quelles voyelles manquent?

Théâtre:	Télévision:
pièce	émission
acteur	actualités
public	policier
scène	écran
spectacle	reportage

Mode:
vêtement
démodé
mannequin
haute couture
couturier

Musique:
compositeur
musicien
opéra
orchestre
chanteur

2.9 Grille de musique

A	E	U	Q	H	F	P	D	R	E	B	V	T	G
T	O	C	Y	L	S	A	Z	W	H	X	J	C	O
I	G	M	O	Z	F	O	X	H	A	N	E	Q	A
D	I	S	Q	U	E	S	V	I	U	Z	P	B	N
N	E	E	J	H	T	Q	C	T	T	L	Y	Q	M
K	C	H	A	I	N	E	H	I	–	F	I	S	I
X	M	W	P	S	M	K	U	R	P	Y	K	A	C
A	T	C	T	D	Z	L	E	R	A	U	F	M	R
O	S	G	S	I	E	F	R	I	R	A	D	I	O
E	U	O	F	D	E	J	H	W	L	O	V	I	G
R	A	P	N	Z	C	O	N	C	E	R	T	C	R
J	M	A	V	O	Y	B	Z	T	U	N	H	A	P
L	B	B	A	L	A	D	E	U	R	S	K	U	D

La famille et les amis

2.1 Lettres en désordre

chagrin / adolescente / draguée / tombée amoureuse / rendez-vous / heureuse / copine / se confier / confiance / jalouse / boum / copain / embrasser / malheureuse / pleuré / amour / consoler.

2.2 Synonymes

relations / ambiance / célibataire / copains / interdire / discuter / éduquer / permettre / préfèrent / s'entendre.

2.3 Le mot qui manque

conflits / déçu / couple / décision / colère / décevoir / contrainte / disputes / compter / compréhensif / confiance / conversation.

2.4 La vie de famille, ce que tout le monde en attend

Ce que les parents attendent des enfants: obéir / avenir / mentir / discuter de / se disputer / fréquenter.

Ce que les enfants attendent des parents: permettre / la liberté / protéger / comprendre / consoler / s'occuper.

2.5 Comment est-ce qu'ils se sentent aujourd'hui?

amoureux / triste / malheureux / jaloux / timide / en colère / content / heureux / déçu.

2.6 Grille en escalier

E	N	S	E	M	B	L	E			
M	**E**	N	T	I	R					
A	V	**E**	N	I	R					
A	T	T	**E**	N	T	I	O	N		
C	O	N	T	**E**	N	T				
F	R	E	Q	U	**E**	N	T	E	R	
I	N	D	U	L	G	**E**	N	T		
I	N	D	E	P	**E**	N	D	A	N	T
P	R	E	T	**E**	N	T	I	E	U	X
D	E	F	**E**	N	D	R	E			
B	I	**E**	N	-	E	T	R	E		
S	**E**	N	S	I	B	L	E			
E	N	T	E	N	D	R	E			

2.7 Phrases lacunaires

tombé amoureux de / sortir / interdit *ou* défendu de / défendre *ou* interdire de / ose / à / à / compter sur / à / souffres de / permettre d' / occuper de / promettre de / en colère contre.

2.8 La vie de famille, les amis: les bons côtés et les problèmes

Les bons côtés:	Les mauvais côtés:
affection	déception
bien-être	conflit
protection	reproche
amitié	souffrir
chaleur	malheureux
refuge	pleurer
amour	dispute
sécurité	indifférence

2.9 Phrases coupées

Elle a pris la décision ... de partir seule en vacances.
Je suis en colère ... contre le professeur de maths qui m'a puni.
Ils se sont donnés rendez-vous ... dans le jardin public.
Il faut bien réfléchir ... avant de se marier.
Je vous demande pardon ... de vous déranger.
Il a consolé sa sœur ... qui était très triste.
Il reproche à ses parents ... de ne pas comprendre ses problèmes.
En ce qui concerne son argent de poche ... il n'en a jamais assez.
Il fait beaucoup d'efforts ... pour ne pas décevoir ses parents.
Elle souffre beaucoup ... d'une grosse déception amoureuse.

Problèmes sociaux

2.1 Quel verbe va avec quel substantif?

venir	un ouvrier
résoudre	un problème
gagner	des mesures
prendre	en Amérique
mourir	en aide à qn
se faire	contre l'injustice
émigrer	sa vie
lutter	à temps partiel
se sentir	du souci
s'intégrer	de faim
embaucher	dans la société
travailler	seul

2.2 Phrases coupées

Il se fait du souci ... parce qu'il ne trouve pas de travail.
Les immigrés clandestins ... n'ont pas de permis de séjour.
Les employeurs recherchent ... des ouvriers qualifiés.
Les demandeurs d'emploi sont ... à la recherche d'un travail.
Beaucoup d'immigrés se sentent ... seuls et abandonnés.
Il travaille dur ... pour gagner sa vie et nourrir sa famille.
Les racistes refusent ... d'intégrer les immigrés dans leur société.
Les immigrés quittent leur pays ... dans l'espoir de vivre mieux dans un pays étranger.
Les préjugés, l'intolérance et la haine ... conduisent au racisme et à la violence.
Sans papiers et sans permis de travail ... les immigrés risquent d'être renvoyés dans leur pays.

2.3 Lettres en désordre

embauché / logement / problème / petites annonces / solitude / hostiles / chance / solution / abandonner.

2.4 Grille en escalier

R	I	C	H	E	S	S	E			
C	R	I	M	I	N	A	L	I	T	E
S	T	R	I	C	T					
O	U	V	R	I	E	R				
N	O	U	R	R	I	R				
T	E	R	R	I	B	L	E			
A	B	R	I							
C	R	I	S	E						
R	I	S	Q	U	E	R				

2.5 Les mots de la même famille

solitude / espoir / réussite / possibilité / offres / agression / tolérer / méfiance / licenciement / la perte.

2.6 Antonymes

la pauvreté / refuser / embaucher / baisser *ou* diminuer / clandestin / déteste / intégrer / amical / haine / en haut.

2.7 Le mot en trop

racisme (n'est pas une agression physique, une brutalité) / patron (n'est pas une place de travail) / ressentir (pas de rapport avec «ne pas accepter quelque chose») / menace (n'est pas un problème d'argent) / attirer (pas de rapport avec la violence) / justice (quelque chose de positif, une bonne chose) / essayer (pas de rapport avec le verbe «s'en aller») / condition (pas de rapport avec la vie professionnelle) / crise (est une situation négative, un problème) / ignorance (pas de rapport avec un problème ou une difficulté).

2.8 Le mot caché

		R	A	C	I	S	T	E	
M	I	S	E	R	E				
	I	M	M	I	G	R	E	R	
			E	M	P	L	O	I	
	S	O	L	I	T	U	D	E	
E	T	R	A	N	G	E	R		
			H	A	I	N	E		
		S	O	L	U	T	I	O	N
	P	A	P	I	E	R	S		
	C	O	U	T	U	M	E	S	
	A	G	R	E	S	S	E	R	

2.9 Phrases lacunaires

la langue / un permis de séjour / attirés / conditions / aide / employeurs / qualification / préjugés / peau / volonté / la société.

Sciences et techniques

2.1 Définitions

l'air / la disquette / l'internaute / la marée noire / la circulation / la souris / les rayons / éteindre / la découverte.

2.2 Phrases lacunaires

capable / envoyer / gaspiller / atteindre / se renseigner / toxiques / billet / téléphone portable / découverte / site.

2.3 Synonymes

A l'avenir / utile / utiliser / protéger / sales / rapide / se rendre / Le prix / polluer / déchets.

2.4 Le mot caché

imprimante / nature / train / environnement / rivière / nettoyer / effacer / terre.

Le mot caché est: Internet.

2.5 Charade

la / bogue / rapide / toi / recherche.

Le mot caché est: laboratoire.

2.6 Un autre mot caché

R	E	C	H	E	R	C	H	E			
O	R	D	I	N	A	T	E	U	R		
				V	I	R	U	S			
G	A	S	P	I	L	L	E	R			
		E	C	R	A	N					
			T	O	U	C	H	E			
	A	V	E	N	I	R					
			I	N	U	T	I	L	E		
	V	I	T	E	S	S	E				
	C	L	I	M	A	T					
F	U	M	E	E							
		R	E	N	S	E	I	G	N	E	R
				T	R	A	I	N			

2.7 Le mot en trop

écran (pas de rapport avec un voyage en train) / découverte (pas de rapport avec la pollution) / futur (pas de rapport avec l'informatique) / gaspiller (n'est pas synonyme de protéger la nature) / sol (pas de rapport avec l'ordinateur) / usine (pas de rapport avec la science) / déranger (pas de rapport avec l'ordinateur) / traverser (pas de rapport avec la recherche scientifique) / réaliser (pas de rapport avec la pollution) / loin (pas de rapport avec la propreté).

2.8 Phrases coupées

Les voyageurs se rendent à la gare ... pour prendre le T.G.V.
Le téléphone portable ... remplace les cabines téléphoniques.
Les savants font des recherches ... pour trouver le moyen de lutter contre la maladie.
Le virus est un danger pour l'homme ... mais aussi pour l'ordinateur.
La protection de la nature ... est un devoir pour tout le monde.
Les gaz des voitures et des usines ... polluent l'air.

Les sciences et la technique d'aujourd'hui ... permettent de faire des découvertes intéressantes.
Les jeux électroniques ... intéressent beaucoup les jeunes enfants.
L'informaticien a perdu tout son fichier ... après un bogue de son ordinateur.
Le climat de notre planète ... est dérangé par la pollution.

2.9 Définitions

utile / atomique / lente / sales / pure / toxiques / puissant / écologique / scientifique / loin / rapide.

Ihre Meinung ist uns wichtig!

Ihre Anregungen sind uns immer willkommen. Bitte informieren Sie uns mit diesem Schein über Ihre Verbesserungsvorschläge!

Titel-Nr.	Seite	Vorschlag

Bitte hier abtrennen

Die echten Hilfen zum Lernen ... **STARK**

Zutreffendes bitte ankreuzen!

Die Absenderin/der Absender ist:

- ☐ Lehrer/in in den Klassenstufen: ______
- ☐ Fachbetreuer/in
  Fächer: ______
- ☐ Seminarlehrer/in
  Fächer: ______
- ☐ Regierungsfachberater/in
  Fächer: ______
- ☐ Oberstufenbetreuer/in
- ☐ Schulleiter/in
- ☐ Referendar/in, Termin 2. Staatsexamen: ______
- ☐ Leiter/in Lehrerbibliothek
- ☐ Leiter/in Schülerbibliothek
- ☐ Sekretariat
- ☐ Eltern
- ☐ Schüler/in, Klasse: ______
- ☐ Sonstiges: ______

Unterrichtsfächer: (Bei Lehrkräften!)

______

13-V1M

Bitte ausfüllen und im frankierten Umschlag an uns einsenden. Für Fensterkuverts geeignet.

STARK Verlag
Postfach 1852
85318 Freising

Kennen Sie Ihre Kundennummer?
Bitte hier eintragen.

Absender (Bitte in Druckbuchstaben!)

Name/Vorname

Straße/Nr.

PLZ/Ort

Telefon privat

Geburtsjahr

E-Mail-Adresse

Schule/Schulstempel (Bitte immer angeben!)

Bitte hier abtrennen

Sicher durch alle Klassen!

Lernerfolg durch selbstständiges Üben zu Hause! Die von Fachlehrern entwickelten Trainingsbände enthalten alle nötigen Fakten und jede Menge praxiserprobte Übungen mit schülergerechten Lösungen.

Mathematik

Übertritt in weiterführende Schulen 4. Klasse .... Best.-Nr. 990404
Mathematik 5. Klasse .... Best.-Nr. 90005
Mathematik 6. Klasse .... Best.-Nr. 90006
Bruchzahlen und Dezimalbrüche .... Best.-Nr. 900061
Algebra 7. Klasse .... Best.-Nr. 90011
Geometrie 7. Klasse .... Best.-Nr. 90021
Algebra 8. Klasse .... Best.-Nr. 90012
Lineare Gleichungssysteme .... Best.-Nr. 900122
Geometrie 8. Klasse .... Best.-Nr. 90022
Bayerischer Mathematik-Test 9. Klasse .... Best.-Nr. 90015
Algebra 9. Klasse .... Best.-Nr. 90013
Geometrie 9. Klasse .... Best.-Nr. 90023
Klassenarbeiten Mathematik 9. Klasse .... Best.-Nr. 900331
Mathematik – Zentrale Klassenarbeit Baden-Württemberg .... Best.-Nr. 80001
Satzgruppe des Pythagoras .... Best.-Nr. 900232
Algebra 10. Klasse .... Best.-Nr. 90014
Potenzen und Potenzfunktionen .... Best.-Nr. 900141
Geometrie 10. Klasse .... Best.-Nr. 90024
Klassenarbeiten Mathematik 10. Klasse .... Best.-Nr. 900341
Rechnen mit dem TI-83 Plus Sek. I .... Best.-Nr. 91409
Wiederholung Algebra .... Best.-Nr. 92402

Online-Tests

Mit den **kostenlosen Mathematik-Tests** im Internet können Schülerinnen und Schüler ihre Schwächen selbst ermitteln, selbst beheben und den Erfolg des selbstständigen Übens überprüfen: **www.stark-verlag.de**

Deutsch

Deutsch – Übertritt an weiterführende Schulen mit CD .... Best.-Nr. 994402
Aufsatz 5./6. Klasse .... Best.-Nr. 90401
Aufsatz 7./8. Klasse .... Best.-Nr. 90403
Grammatik und Stil 7./8. Klasse .... Best.-Nr. 90407
Deutsche Rechtschreibung 5.–10. Klasse .... Best.-Nr. 90402
Aufsatz 9./10. Klasse .... Best.-Nr. 90404
Deutsch – Zentrale Klassenarbeit Baden-Württemberg .... Best.-Nr. 80402
Lexikon zur Kinder- und Jugendliteratur .... Best.-Nr. 93443

Französisch

Französisch – Zentrale Klassenarbeit Baden-Württemberg .... Best.-Nr. 80501
Rechtschreibung und Diktat 1./2. Lernjahr mit 2 CDs .... Best.-Nr. 905501
Wortschatzübung Mittelstufe .... Best.-Nr. 94510

Latein

Latein im ersten Lernjahr 5./7. Klasse .... Best.-Nr. 94606
Latein I – 6. Klasse .... Best.-Nr. 90606
Kurzgrammatik .... Best.-Nr. 94601
Wortkunde .... Best.-Nr. 94603

(Bitte blättern Sie um)

Englisch

Englisch 5. Klasse	Best.-Nr. 90505
Englisch 6. Klasse	Best.-Nr. 90506
Englisch 7. Klasse	Best.-Nr. 90507
Englisch 8. Klasse	Best.-Nr. 90508
Englisch 9. Klasse	Best.-Nr. 90509
Englisch 10. Klasse	Best.-Nr. 90510
Englisch – Übertritt in die Oberstufe	Best.-Nr. 82453

Englisch Leseverstehen

Leseverstehen 5. Klasse	Best.-Nr. 90526
Leseverstehen 6. Klasse	Best.-Nr. 90525
Leseverstehen 8. Klasse	Best.-Nr. 90522
Leseverstehen 10. Klasse	Best.-Nr. 90521

Englisch Rechtschreibung

Rechtschreibung und Diktat 5. Klasse mit 3 CDs	Best.-Nr. 90531
Rechtschreibung und Diktat 6. Klasse mit CD	Best.-Nr. 90532
Englische Rechtschreibung 9./10. Klasse	Best.-Nr. 80453

Englisch Übersetzungen

Translation Practice 1 / ab 9. Klasse	Best.-Nr. 80451
Translation Practice 2 / ab 10. Klasse	Best.-Nr. 80452

Englisch Hörverstehen

Hörverstehen 5. Klasse mit CD	Best.-Nr. 90512
Hörverstehen 6. Klasse mit CD	Best.-Nr. 90511
Hörverstehen 7. Klasse mit CD	Best.-Nr. 90513
Hörverstehen 9. Klasse mit CD	Best.-Nr. 90515
Hörverstehen 10. Klasse mit CD	Best.-Nr. 80457
Hörverstehen 10. Klasse mit CD Zentrale Klassenarbeit Baden-Württemberg	Best.-Nr. 80456

Englisch Wortschatzübung

Wortschatzübung 5. Klasse mit CD	Best.-Nr. 90518
Wortschatzübung 6. Klasse mit CD	Best.-Nr. 90519
Wortschatzübung Mittelstufe	Best.-Nr. 90520

Biologie

Viel Platz für kleine Tiere	Best.-Nr. 10479

Ratgeber für Schüler

Richtig Lernen Tipps und Lernstrategien – Unterstufe	Best.-Nr. 10481
Richtig Lernen Tipps und Lernstrategien – Mittelstufe	Best.-Nr. 10482

Natürlich führen wir noch mehr Buchtitel für alle Schularten. Wir informieren Sie gerne!

Telefon: 08161/179-0
Telefax: 08161/179-51

Internet: www.stark-verlag.de
E-Mail: info@stark-verlag.de

13-V1M

Bestellungen bitte direkt an:
STARK Verlagsgesellschaft mbH & Co. KG · Postfach 1852 · 85318 Freising

STARK